Lernprogramm
Handelsrecht

von

Dr. Heinz Lottich
Regierungsdirektor und Dozent an der Nds. Landesfinanzschule in Bad Eilsen

1974
Walter de Gruyter · Berlin · New York

ISBN 3 11 004830 2

Printed in Germany

Satz und Druck: Mercedes-Druck, 1 Berlin 61
Buchbinderei: Wübben & Co., 1 Berlin 42

Es ist nicht genug zu wissen, man muß auch anwenden.

Goethe

Vorwort

Dieses Buch ist ein Lernprogramm mit dem Lernziel, Ihnen das Grundwissen aus allen wichtigen Gebieten des Handelsrechts zu vermitteln. Anhand zahlreicher praktischer Beispiele und Übungsfälle werden Sie mit dem Handelsrecht auch in seiner wirtschaftlichen Bedeutung vertraut gemacht. Zugleich ist das Lernprogramm so aufgebaut, daß Sie Ihre Fähigkeit zur Rechtsanwendung ständig schulen können.

Lernprogramme – eine Entwicklung der modernen Lernpsychologie und Pädagogik – haben in Hochschule, Schule und in den Bereichen der Fortbildung zunehmend Eingang gefunden. Sie bieten den Lernstoff in einzelnen, überschaubaren Lernschritten an. Jeder Lernschritt, das sog. Lernelement (LE), baut auf dem vorhergehenden auf. Vorkenntnisse sind daher nicht erforderlich. Das einzelne Lernelement besteht aus einem Informationsteil und einem Aufgabenteil, der Sie in verschiedenen Aufgabenformen aktiv beteiligt und Ihr im Informationsteil erworbenes Wissen sogleich abfragt und festigt. Auf dem folgenden Blatt finden Sie zu jeder Aufgabe eine Musterlösung. So können Sie sich den Lernstoff selbständig erarbeiten und stets Ihren Lernerfolg durch einen Antwortenvergleich kontrollieren. Ihre Lerngeschwindigkeit bestimmen Sie selbst. Es steht Ihnen auch jederzeit frei, frühere Lernelemente nochmals durchzuarbeiten. Am Ende jeder Lektion gibt Ihnen eine Erfolgskontrolle erneut Gelegenheit zur Überprüfung Ihres Lernerfolges und zur Wiederholung.

Sie sehen: ein Lernprogramm will Ihnen wie in einem persönlichen Lerngespräch den Lernstoff auf lernwirksame Weise darlegen und es Ihnen ermöglichen, sich den Lernstoff leichter anzueignen.

Für die Arbeit mit diesem Lernprogramm wünsche ich Ihnen viel Freude und Erfolg.

Inhaltsverzeichnis

Lern- und Arbeitshilfe
für die Programmierte Unterweisung

Sie möchten sich gern die Grundzüge des Handelsrechts erarbeiten. Beachten Sie deshalb bitte folgende Hinweise:

1. Lesen Sie bitte zunächst den Informationsteil jedes einzelnen LE aufmerksam durch, ehe Sie sich der nachfolgenden Aufgabe zuwenden.

2. Sie finden bei den Aufgaben verschiedene Formen. Bei den sog. Lückenantworten füllen Sie die Lücke eines Satzes aus, indem Sie das passende Wort oder mehrere Wörter auf einen Leerstrich eintragen. Auswahlantworten geben Ihnen mehrere mögliche Antworten zur Auswahl an, die Sie dadurch treffen, daß Sie die zutreffende Lösung ankreuzen oder eine Entscheidung (Ja/Nein) wählen u.ä. Wird hierzu auch noch eine Begründung gefordert, so geben Sie bitte auf den Leerstrichen die Gründe für Ihre Entscheidung an. Gelegentlich wird nur eine Frage gestellt, die Sie durch einen oder mehrere Sätze beantworten.

   Unerläßlich ist es, daß Sie das als Gesetz angegebene Hilfsmittel verwenden. *Das Gesetz sollte deshalb stets aufgeschlagen vor Ihnen liegen.* Sie erleichtern sich die Antworten, wenn Sie die jeweilige Rechtsvorschrift genau beachten.

3. Der Antwortenvergleich ermöglicht Ihnen, durch Vergleich Ihrer Lösung mit der auf dem folgenden Blatt abgedruckten Musterlösung festzustellen, ob Sie den Lernstoff verstanden haben. Bei Antworten mit Begründungen genügt eine sinngemäße Übereinstimmung. Sie erhöhen Ihren Lernerfolg, wenn Sie die Aufgabe schriftlich gelöst haben, ehe Sie die Musterlösung zum Vergleich heranziehen. Gehen Sie bitte erst zum nächsten LE weiter, wenn Sie sich die Ursache eines etwaigen Fehlers klargemacht und den Fehler berichtigt haben. Bearbeiten Sie auch ein früheres LE bitte nochmals, wenn Sie später mangelnde Kenntnis in einem vorher behandelten Gebiet feststellen.

   Die Anordnung der Musterlösung auf dem folgenden Blatt – den rechten Seiten – ist bedingt durch das Erfordernis der Selbstkontrolle. Die Rückseiten (die linken Seiten) werden drucktechnisch ebenfalls ausgenutzt, so daß das Buch am Ende lediglich umzudrehen ist und wieder auf den rechten Seiten fortgefahren werden kann.

4. Das Lernprogramm enthält im Text zahlreiche Arbeitshilfen, Anregungen, Anmerkungen, Zusatzbeispiele und Hinweise, die Ihren

Lernerfolg erhöhen sollen. Übrigens: Unterstreichen Sie beim Durcharbeiten des Lernprogramms (ggf. farbig) hervorzuhebende Teile (z. B. Fachausdrücke, Begriffsbestimmungen usw.) im Lernprogramm und auch in Ihrer Gesetzesausgabe.

5. In der großen Erfolgskontrolle am Ende jeder Lektion sind jeweils in Klammern die einzelnen LE angegeben, so daß Sie jederzeit die Möglichkeit haben, den Lernstoff noch einmal durchzuarbeiten. Diese Erfolgskontrolle bietet sich auch für eine spätere Wiederholung des Lernstoffs an.

Einf. 1

Zur Einführung in das Handelsrecht

Das Handelsrecht ist überwiegend Privatrecht. Im Gegensatz zum öffentlichen Recht (wie Staatsrecht, Verwaltungsrecht, Steuerrecht usw.) regelt das Privatrecht nicht das Verhältnis des Staates zu seinen Bürgern im Sinne einer Über- und Unterordnung. Das Privatrecht ordnet die Rechtsbeziehungen einzelner Personen zueinander nach dem Prinzip der Gleichordnung.

Vervollständigen Sie bitte die nachstehende Einteilung der Rechtsordnung in öffentliches Recht und Privatrecht:

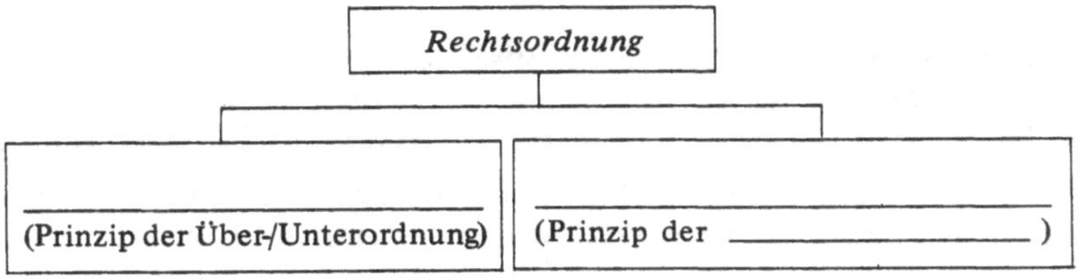

Antwort (A) Einf. 1

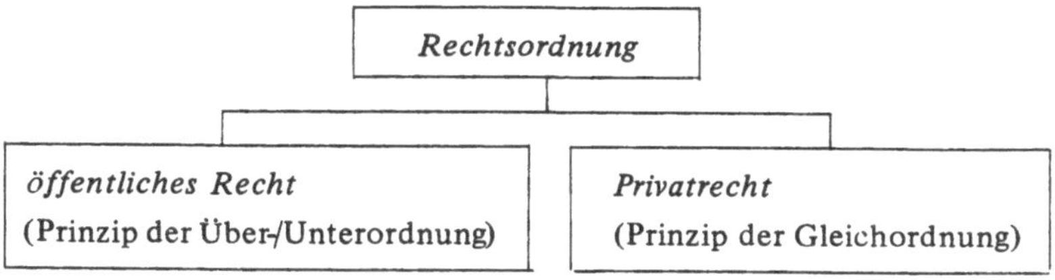

Einf. 2

Das Handelsrecht ist ein Teil des Privatrechts. Es ist das Sonderrecht der Kaufleute. Dieses Sonderrecht ist wegen der besonderen wirtschaftlichen Bedürfnisse der Kaufleute im Handelsverkehr geschaffen worden.

Das Handelsrecht tritt damit als Sonderrecht der Kaufleute ergänzend und abändernd neben das allgemeine, für jedermann geltende bürgerliche Recht.

Ergänzen Sie bitte die folgende Gliederung des Privatrechts:

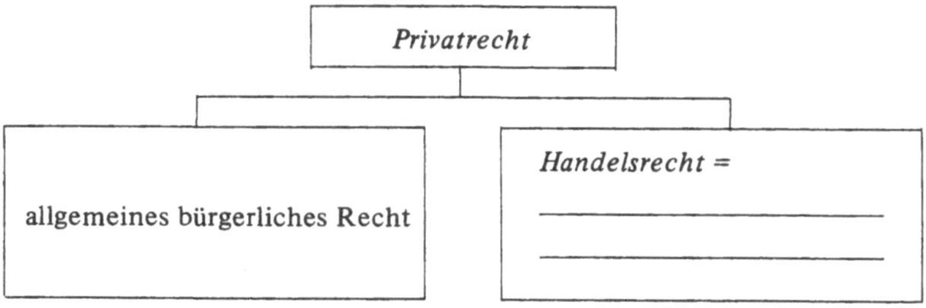

A Einf. 2

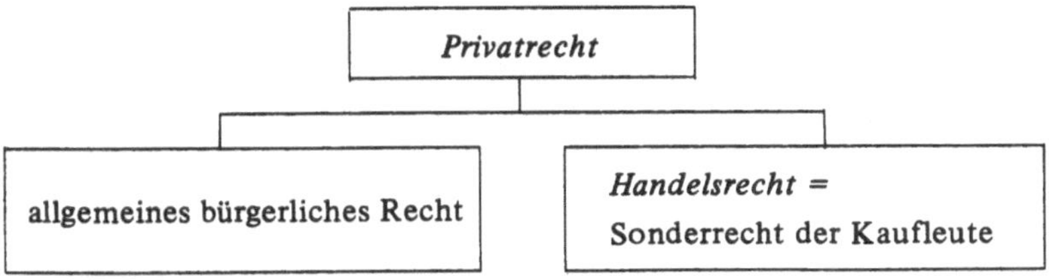

Einf. 3

Die wichtigsten Rechtsquellen des Handelsrechts sind:

1. das Handelsgesetzbuch (HGB)
2. die Nebengesetze:
   das Aktiengesetz (AktG),
   das Gesetz betr. die Gesellschaften mit beschränkter Haftung (GmbHG),
   das Gesetz betr. die Erwerbs- und Wirtschaftsgenossenschaften (GenG),
   das Wechselgesetz (WG),
   das Scheckgesetz (ScheckG),

Da wir aber auch das Bürgerliche Gesetzbuch (BGB) mit dem allgemeinen bürgerlichen Recht anwenden müssen, wenn das Handelsrecht als Sonderrecht der Kaufleute keine Sonderregelungen enthält, ist das BGB (ebenfalls eine/keine) ____________________ Rechtsquelle, die für das Handelsrecht ggf. heranzuziehen ist.

A Einf. 3 ebenfalls eine

1. Lektion

DER KAUFMANN

I. Lernziel, Bearbeitungszeit, Hilfsmittel

In dieser Lektion werden wir den Rechtsbegriff „Kaufmann" – den zentralen Begriff des Handelsrechts – kennenlernen. Sie werden nach dieser Lektion rechtlich beurteilen können, ob jemand Kaufmann ist und welche Art von Kaufmann er ist.

Die Bearbeitungszeit der Lektion beträgt etwa 2–2½ Stunden, wovon die Hälfte auf die LE 1–31 (§ 1 HGB) entfällt.

Sie benötigen als Gesetz das Handelsgesetzbuch (HGB). Verwenden Sie möglichst eine Handausgabe mit dem HGB und Nebengesetzen, z. B. die Beck'sche Textausgabe.

II. DER KAUFMANN **1.1**

Der Begriff „Kaufmann" ist uns aus der Sprache des täglichen Lebens bekannt.

Beispiel:

Die ehemaligen Mitschüler Hans und Georg berichten einander von ihrem beruflichen Werdegang. Hans erklärt: „Ich habe meine Ausbildung beendet und bin jetzt in einem Versandhausunternehmen als Kaufmann angestellt." Georg sagt: „Ich bin selbständiger Importkaufmann."

Nach diesem allgemeinen Sprachgebrauch ist Kaufmann jeder kaufmännisch, d.h. in einem Handelsbetrieb Tätige. Er ist der sog. *Kaufmann im wirtschaftlichen Sinne.*

Kaufmann für unser Rechtsgebiet „Handelsrecht" ist aber nur derjenige, welcher nach den *Rechts*vorschriften des Handels*rechts* Kaufmann ist. Das Handels*recht* regelt nicht den Kaufmann im wirtschaftlichen Sinne, sondern – wie die juristische Fachsprache ihn bezeichnet – den Kaufmann im ____________________ -sinne.

A 1.1 Rechtssinne

1.2

Der Gesetzgeber hat dies in § 1 Abs. 1 HGB dadurch ausgedrückt, daß er bestimmt:

Kaufmann ____________________
ist, wer ein Handelsgewerbe betreibt.

Wenn daher z. B. § 38 HGB anordnet, daß jeder Kaufmann verpflichtet ist, Bücher zu führen, so ist damit gemeint:

1. der Kaufmann im wirtschaftlichen Sinne ☐
2. der Kaufmann im Rechtssinne ☐

A 1.2 Kaufmann im Sinne dieses Gesetzes ist, . . .

2. [X]

Hinweis: Diese Buchführungspflicht ist übrigens nach § 160 Abs. 1 Reichsabgabenordnung (AO) auch im Interesse der Besteuerung zu erfüllen.

1.3

Es kommt also für uns darauf an, daß wir die Rechtsvorschriften kennenlernen, die den Begriff des Kaufmanns im Rechtssinne im einzelnen erläutern.

Nehmen Sie bitte das HGB zur Hand und finden Sie heraus, welche Rechtsvorschriften den Begriff „Kaufmann" behandeln.

In Betracht kommen die §§ ____________________ HGB.

Benötigen Sie Hilfe?

Hier ein praktischer Hinweis für das Arbeiten mit einem Gesetz:

Ihre Gesetzesausgabe erleichtert Ihnen das Aufsuchen einer Gesetzesstelle durch ein Inhaltsverzeichnis, die Überschriften der einzelnen Rechtsvorschriften und durch ein umfangreiches Sachverzeichnis (Stichwortverzeichnis).

A 1.3 §§ 1–7 HGB (oder § 1 ff. HGB)

1.4

Verschaffen Sie sich bitte einen kurzen Überblick und lesen Sie die §§ 1–6 HGB.

Die §§ 1–6 HGB bestimmen

1. nur einen einheitlichen Kaufmannsbegriff. ☐
2. mehrere verschiedene Kaufmannsbegriffe. ☐

A 1.4 2. [x]

Haben Sie Ziff. 1 angekreuzt, achten Sie z. B. noch einmal auf die Überschriften im Gesetz (wie z. B. Kaufleute). Schon hieraus folgt, daß es verschiedene rechtliche Kaufmannsbegriffe gibt.

1.5

Betrachten wir zunächst den Rechtsbegriff des Kaufmanns nach den §§ 1–3 HGB.

Die §§ 1–3 HGB haben nämlich ein gemeinsames Tatbestandsmerkmal. Es muß stets ein bestimmtes Gewerbe vorliegen, das sog.

____

Vergleichen Sie ggf. bitte noch einmal diese Vorschriften.

A 1.5 Handelsgewerbe

1.6

Kaufmann nach § 1 Abs. 1 HGB ist,

____

Das heißt:

Jeder erwirbt die rechtliche Eigenschaft als ____________________

dadurch, daß er ein __________________________________ .

A 1.6 . . . wer ein Handelsgewerbe betreibt.
Kaufmann/Handelsgewerbe betreibt.

1.7

Prüfen Sie bitte:

Ist nach § 1 Abs. 1 HGB für den Erwerb der Kaufmannseigenschaft außerdem erforderlich, daß die betreffende Person in das Handelsregister eingetragen wird?

Für den Erwerb der Eigenschaft als Kaufmann wird nach § 1 Abs. 1 HGB die Eintragung in das Handelsregister (gefordert/nicht gefordert)

______________________________ .

A 1.7 nicht gefordert

1.8

Der Kaufmann nach § 1 Abs. 1 HGB wird also nicht erst durch die Eintragung in das Handelsregister, sondern schon durch seine *Betätigung* in einem Handelsgewerbe zum Kaufmann.

Daher nennen wir den Kaufmann nach § 1 HGB:

1. Kaufmann kraft Eintragung ☐
2. Kaufmann kraft Betätigung ☐

A 1.8 2. [x]

1.9

Die Rechtswissenschaft hat für den Kaufmann nach § 1 HGB eine besondere Bezeichnung gefunden, die sie aus dem Wortlaut des § 1 Abs. 1 HGB ableitet. Der Ausdruck soll kennzeichnen, daß es bei dem Kaufmann nach § 1 HGB nur auf seine Tätigkeiten und nicht auf eine Eintragung ankommt.

Finden Sie diese Bezeichnung?

§ 1 Abs. 1 HGB: Wer ein Handelsgewerbe betreibt, _____ Kaufmann.

Der Kaufmann nach § 1 HGB wird deshalb in unserer Fachsprache als

_______________ -kaufmann bezeichnet.

Anmerkung:

Der für den Kaufmann nach § 1 HGB gleichfalls verwendete Ausdruck *Muß*kaufmann soll ebenfalls kennzeichnen, daß er unabhängig von einer Eintragung Kaufmann sein *muß*, wenn er ein Handelsgewerbe betreibt.

(Vermeiden Sie aber das Mißverständnis, das „muß" auf eine für die Kaufmannseigenschaft nach § 1 HGB unerhebliche Eintragungspflicht zu beziehen.)

A 1.9 ist
Istkaufmann

1.10

Ein *Handelsgewerbe* liegt nun vor, wenn eines der in § 1 Abs. ______ Nr. ______ HGB im einzelnen aufgeführten Gewerbe betrieben wird. Diese Handelsgewerbe bezeichnet man im Hinblick auf die Handelsgewerbe der §§ 2 und 3 HGB auch als Grundhandelsgewerbe.

In allen Fällen muß somit für den Erwerb der Eigenschaft als ____________________ nach § 1 HGB immer gegeben sein:

1. ein Grundhandelsgewerbe ☐
2. irgendein Gewerbebetrieb ☐
3. ein Gewerbebetrieb der in § 1 Abs. 2 HGB genannten Art ☐
4. ein im Handelsregister eingetragenes oder bei der Industrie- und Handelskammer angemeldetes Gewerbe ☐

A 1.10 § 1 Abs. 2 Nr. 1–9 HGB
Kaufmann (oder Ist-, Mußkaufmann)

1. ☒

3. ☒

Haben Sie auch Ziff. 2 und 4 angekreuzt, lesen Sie noch einmal § 1 HGB und LE 1.7

1.11

Der Begriff „Handelsgewerbe“ enthält als Teilmerkmal den Begriff „Gewerbe“. Diesen Begriff „Gewerbe“ hat der Gesetzgeber nicht bestimmt.

Ein *Gewerbe* im handelsrechtlichen Sinne ist nach allgemeiner Meinung eine auf Gewinn gerichtete, nachhaltige (nicht nur gelegentliche) Tätigkeit unter Teilnahme am allgemeinen wirtschaftlichen Verkehr. Ausgenommen sind vom Begriff Gewerbe einerseits die freiberuflich tätigen Personen wie Rechtsanwälte, Ärzte, Künstler u. ä. und andererseits die Land- und Forstwirte (s. auch § 3 Abs. 1 HGB).

Welche der nachstehenden Personen üben kein Gewerbe aus und können schon deshalb keine Kaufleute nach § 1 HGB sein?

1. ein Einzelhändler ☐
2. ein Fabrikant ☐
3. ein Schriftsteller ☐
4. ein Steuerberater ☐

A 1.11 3. [x]

4. [x]

1.12

Der Begriff „Gewerbe“ erfordert ferner, daß die Tätigkeit selbständig im eigenen Namen ausgeübt wird.

Beispiel:

Ein kaufmännischer Angestellter ist kein Gewerbetreibender, weil er nicht ________________ im ________________________ tätig wird.

Er kann folglich auch niemals ________________________ im ________________ , sondern nur Kaufmann im wirtschaftlichen Sinne sein.

Sie können nun entscheiden, ob Mitschüler Hans (LE 1.1) als Angestellter in einem Versandhausunternehmen Kaufmann im Rechtssinne ist.

Ja ☐ Nein ☐

A 1.12 selbständig im eigenen Namen
Kaufmann im Rechtssinne

Nein [x]

Hinweis: Dieser Begriff des Gewerbes stimmt mit dem des Einkommensteuerrechts und des Gewerbesteuerrechts überein.

1.13

Inhaber des Gewerbebetriebs können alle rechtsfähigen Personen sein, also die natürlichen Personen (die Menschen) und die juristischen Personen. Nicht erforderlich ist, daß die Personen geschäftsfähig sind, da für geschäftsunfähige und in der Geschäftsfähigkeit beschränkte Personen (z. B. Minderjährige) ihre gesetzlichen Vertreter in ihrem Namen handeln.

Gewerbetreibende können daher sein:

1. nur die geschäftsfähigen Menschen und die juristischen Personen ☐
2. nur die geschäftsfähigen und in der Geschäftsfähigkeit beschränkten Menschen und die juristischen Personen ☐
3. alle natürlichen und juristischen Personen (z. B. der Staat, Städte und Gemeinden) ☐
4. die gesetzlichen Vertreter und nicht die Vertretenen ☐

A 1.13 3. [x]

Hinweis: Minderjährige können ab ihrem 7. Lebensjahr ohne ihren gesetzlichen Vertreter selbst ein Gewerbe betreiben, wenn der gesetzliche Vertreter sie mit Genehmigung des Vormundschaftsgerichtes hierzu ermächtigt hat (§ 112 BGB).

1.14

Handelsgewerbe sind also nach § 1 Abs. 2 HGB nur solche Gewerbebetriebe, die dort im einzelnen aufgeführt sind.

Wenden wir uns den einzelnen Grundhandelsgewerben nach § 1 Abs. 2 HGB zu, und zwar zuerst dem Handelsgewerbe nach § 1 Abs. 2 Nr. 1 HGB.

Wir prüfen dazu folgenden Fall (Rechtsfall, Sachverhalt):

Der Großhändler Alexander Hermes betreibt einen Großhandel mit Schmuckwaren.

Ist dieser Gewerbebetrieb ein Handelsgewerbe nach § 1 Abs. 2 Nr. 1 HGB?

Es handelt sich nach § 1 Abs. 2 Nr. 1 HGB um ein Handelsgewerbe, wenn Hermes Waren ______________ und ________________.

A 1.14 anschafft / weiterveräußert.

1.15

Nach § 1 Abs. 2 Nr. 1 HGB stellt die Anschaffung und Weiterveräußerung von beweglichen Sachen oder Wertpapieren ein ______________ ______________________ dar. Die beweglichen Sachen bezeichnet das Gesetz als ______________________.

Anschaffung ist jeder auf Erwerb von Eigentum gerichtete entgeltliche Vertrag.

Weiterveräußerung ist jeder auf Veräußerung gerichtete entgeltliche Vertrag.

Entgeltlich ist der Vertrag, wenn die Gegenleistung in Geld oder Geldeswert besteht.

Beispiele:

Unter das Handelsgewerbe nach § 1 Abs. 2 Nr. 1 HGB fallen somit folgende Verträge über Waren oder Wertpapiere:

1. Kauf ☐
2. Leihe ☐
3. Miete ☐
4. Tausch ☐

A 1.15 Handelsgewerbe
Waren

1. ☒

4. ☒ (Der Tausch ist ebenfalls entgeltlich, weil die Leistung gegen eine Gegenleistung erbracht wird.)

Haben Sie auch Ziff. 2 und 3 angekreuzt, so bedenken Sie, daß Leihe und Miete nur die Gebrauchsüberlassung einer Sache und nicht die Übereignung zum Inhalt haben. Die Leihe ist außerdem ein unentgeltlicher Vertrag.

1.16

Entscheiden Sie nun bitte:

Ist der Schmuckgroßhandel des Hermes (LE 1.14) ein Handelsgewerbe nach § 1 Abs. 2 Nr. 1 HGB?

(Ja/Nein) ______________

Begründung: ____

____

Hermes (ist daher/ist daher nicht) __________________ Kaufmann nach § 1 HGB.

A 1.16 Ja: Es werden Waren, nämlich Schmuckwaren, auf Grund von Kaufverträgen erworben und weiterveräußert.

ist daher

1.17

Nach § 1 Abs. 2 Nr. 1 HGB ist es für das Vorliegen dieses Handelsgewerbes unerheblich, ob der Gewerbetreibende die angeschafften Waren vor der Veräußerung noch *bearbeitet,* d.h. in der Form verändert, oder *verarbeitet,* d.h. aus ihnen neue Sachen herstellt.

Beispiel:

Der Unternehmer Adam ist Inhaber einer Kleiderfabrik. Die von ihm gekauften Stoffe werden in der Fabrik zu Kleidern verarbeitet.

Sein Betrieb ist ein Handelsgewerbe nach § 1 Abs. 2 Nr. 1 HGB, weil

Adam Waren, nämlich Stoffe ________________ und ______________.

Unerheblich ist, daß die Waren zu Kleidern ______________________ werden.

Adam (ist somit/ist somit nicht) ______________________ Kaufmann nach § 1 Abs. 1 HGB.

A 1.17 anschafft und veräußert
verarbeitet
ist somit

1.18

Wir fassen zusammen und merken uns:

Wer ein Handelsgewerbe betreibt, ist gem. § 1 Abs. 1 HGB Kaufmann.

Zum Handelsgewerbe nach § 1 Abs. 2 Nr. 1 HGB gehören alle *Handelsbetriebe* (Groß- und Einzelhandel), aber auch alle *Herstellungsbetriebe* (Fabriken und auch Bäcker, Fleischer u. ä.).

Damit geht der Rechtsbegriff „Handelsgewerbe" über den täglichen Sprachgebrauch hinaus, der unter dem Begriff „Handel" nur An- und Verkauf von Waren versteht. Der Umfang des Betriebes ist stets unerheblich.

Beispiele zu § 1 Abs. 2 Nr. 1 HGB:

Anschaffung von Waren → [Autofabrik] → Weiterveräußerung von Waren
(Fertigteile usw.) (Autos)

________ von Waren → [Lebensmittelhandel] → ________ von Waren
(________) (________)

(Bitte die Merkmale eintragen.)

A 1.18 Anschaffung von Waren (Lebensmittel) → Weiterveräußerung von Waren (Lebensmittel) →

1.19

Kurze Übung:

Der Architekt Schönbauer erwirbt gewerbsmäßig Grundstücke (unbewegliche Sachen) und veräußert sie.

Ist seine Tätigkeit ein Handelsgewerbe nach § 1 Abs. 2 Nr. 1 HGB?

a) als Architekt:

(Ja/Nein) ______________

Begründung: ______________________________

____

b) als Grundstückskäufer und -verkäufer:

(Ja/Nein) ______________

Begründung: ______________________________

____

A 1.19 a) Nein: Ein Architekt ist Freiberufler und betreibt daher kein Gewerbe.

b) Nein: Grundstücke sind keine Waren.

1.20

Prüfen Sie bitte zu § 1 Abs. 2 HGB folgenden weiteren Fall:

Der Unternehmer Popp läßt in seinem Lackierbetrieb Maschinenteile eines Maschinenbauunternehmens mit einem Speziallack versehen und gibt sie so bearbeitet an das Maschinenbauunternehmen zurück. Popp beschäftigt 80 Arbeiter und Angestellte.

Liegt ein Handelsgewerbe nach Nr. 1 vor?

(Ja/Nein) ____________

Begründung: ____

____

A 1.20 Nein: Die Maschinenteile werden nicht angeschafft und veräußert, sie werden lediglich bearbeitet.

Haben Sie falsch geantwortet, arbeiten Sie bitte noch einmal LE 1.14, 1.15 durch.

1.21

Wir untersuchen aber weiter, ob das Unternehmen des Popp ein Handelsgewerbe nach § 1 Abs. 2 Nr. 2 HGB ist.

Das Unternehmen ist ein Handelsgewerbe nach § 1 Abs. 2 Nr. 2 HGB, wenn Gegenstand des Gewerbebetriebs die ______________________

____ ist, sofern

das Gewerbe ____

A 1.21 . . . Übernahme der Bearbeitung oder Verarbeitung von Waren für andere ist, sofern das Gewerbe nicht handwerksmäßig betrieben wird.

1.22

Bei § 1 Abs. 2 Nr. 2 HGB werden nicht wie nach Nr. 1 die Waren angeschafft, dann ggf. bearbeitet oder verarbeitet und schließlich diese eigenen Waren veräußert, sondern es werden lediglich fremde Waren für eine andere Person ____________ oder ____________

Der Kauf von Hilfsstoffen für die Be- oder Verarbeitung (wie z. B. Schmieröl, Farbe, Lack) begründet dabei jedoch noch nicht die Voraussetzung für ein Handelsgewerbe nach § 1 Abs. 2 Nr. 1 HGB:

____________ und ____________ von Waren.

A 1.22 bearbeitet oder verarbeitet
Anschaffung und Weiterveräußerung

1.23

Nach § 1 Abs. 2 HGB ist das Gewerbe nur dann ein Handelsgewerbe, wenn die Übernahme der Bearbeitung oder Verarbeitung von Waren für andere nicht ______________________________ erfolgt. Das Gewerbe muß folglich industriell (oder fabrikmäßig) betrieben werden. Nicht der Umfang, sondern die Art des Betriebes ist also maßgebend.

A 1.23 handwerksmäßig

1.24

Nennen Sie bitte typische Merkmale, die im allgemeinen Handwerk und Industrie unterscheiden (vergleichen Sie dabei z. B. den typischen Handwerksbetrieb eines Schneidermeisters mit einer Kleiderfabrik oder den eines Möbeltischlers mit einer Möbelfabrik):

1. *Handwerk:*
   - a) Einzelfertigung ☐
   - b) verhältnismäßig großer Maschineneinsatz ☐
   - c) kein großer Maschineneinsatz ☐
   - d) Mitarbeit des Meisters bei der Fertigung einzelner Produkte ☐
   - e) überwiegend Verwendung von gelernten Hilfskräften ☐

2. *Industrie:*
   - a) Serienfertigung (ggf. Fließband) ☐
   - b) verhältnismäßig großer Maschineneinsatz ☐
   - c) kein großer Maschineneinsatz ☐
   - d) keine unmittelbare Mitarbeit des Unternehmers bei der Fertigung einzelner Produkte (nur geschäftliche Oberleitung) ☐
   - e) überwiegend Verwendung von ungelernten Hilfskräften ☐

A 1.24

1. a) ☒	2. a) ☒
c) ☒	b) ☒
d) ☒	d) ☒
e) ☒	e) ☒

Anmerkung: Die Unterscheidung kann im Einzelfall recht schwierig sein, weil das Handwerk immer mehr Maschinen einsetzt und Merkmale der Fabrik aufweisen kann. Maßgebend ist das Gesamtbild.

1.25

Prüfen Sie bitte nunmehr, ob der Lackierbetrieb des Popp (LE 1.20) ein Handelsgewerbe nach § 1 Abs. 2 Nr. 2 HGB ist.

Seine Tätigkeit ist die Übernahme einer ________________ von Maschinenteilen für andere.

Diese Tätigkeit (ist/ist nicht) ________________ handwerksmäßig.

Daher ist sein Gewerbebetrieb (ein/kein) ________________ Handelsgewerbe nach § 1 Abs. 2 Nr. 2 HGB.

Popp (ist/ist nicht) ________________ Kaufmann nach § 1 Abs. 1 HGB.

A 1.25 Bearbeitung
ist nicht
ein Handelsgewerbe
ist

Zusatzbeispiele für Handelsgewerbe nach § 1 Abs. 2 Nr. 2 HGB: Wäschereien, Reinigungsanstalten, Färbereien, wenn sie nicht handwerksmäßig betrieben werden.

1.26

Wir üben und wiederholen zu § 1 Abs. 2 Nr. 1 und 2 HGB:

Der Schuhmachermeister Hans Sachs kauft Leder, Nägel usw. und stellt daraus gemeinsam mit einem Gesellen Arbeitsschuhe her, die er an mehrere Bauunternehmer liefert.

Hans Sachs ist Kaufmann nach § 1 Abs. 1 in Verbindung mit

a) Abs. 2 Nr. 1 HGB. ☐

b) Abs. 2 Nr. 2 HGB. ☐

Begründung: ____________________

____

Zusatzfrage:

Wäre Hans Sachs auch Kaufmann nach § 1 HGB, wenn das Material von den Bauunternehmern gestellt würde?

(Ja/Nein) __________

Begründung: ____________________

____

A 1.26 a) Abs. 2 Nr. 1 HGB [X] : Hans Sachs schafft Waren an und veräußert sie nach Verarbeitung zu Schuhen weiter.

Nein: Hans Sachs betreibt in diesem Fall kein Handelsgewerbe nach § 1 Abs. 2 Nr. 1 HGB, weil er keine Waren anschafft und veräußert. Die Verarbeitung geschieht handwerksmäßig, so daß auch kein Handelsgewerbe nach § 1 Abs. 2 Nr. 2 HGB vorliegt.

1.27

Handelsgewerbe sind ferner nach § 1 Abs. 2 HGB die jeweils in den Nr. 3–9 aufgeführten Gewerbebetriebe.

Wer eines dieser Handelsgewerbe betreibt, ist ebenfalls ____________ gem. § 1 Abs. 1 HGB.

A 1.27 Kaufmann (Ist- oder Mußkaufmann)

1.28

Zu diesen Grundhandelsgewerben des § 1 Abs. 2 Nr. 3–9 HGB gehören:

a) der Einzelhandel und der Großhandel ☐ Nr. ___

b) die Übernahme von Versicherungen gegen Prämie ☐ Nr. ___

c) die Bankier- und Geldwechslergeschäfte ☐ Nr. ___

d) die Geschäfte der Handelsvertreter und Handelsmakler ☐ Nr. ___

e) Industriebetriebe ☐ Nr. ___

f) die Geschäfte der Kommissionäre, Spediteure und Lagerhalter ☐ Nr. ___

g) die Beförderung von Gütern oder Reisenden zur See, die Geschäfte der Frachtführer oder der Anstalten zur Personenbeförderung zu Lande und auf Binnengewässern sowie der Schleppschiffahrtsunternehmer ☐ Nr. ___

h) Verlagsgeschäfte und sonstige Geschäfte des Buch- und Kunsthandels ☐ Nr. ___

i) die Geschäfte der nicht handwerksmäßig betriebenen Druckereien ☐ Nr. ___

A 1.28 b) Nr. 3
c) Nr. 4
d) Nr. 7
f) Nr. 6
g) Nr. 5
h) Nr. 8
i) Nr. 9

1.29

Die Kaufmannseigenschaft erwirbt nach § 1 Abs. 1 HGB – wie wir wissen – jeder, der ein ______________________________ .

Die unmittelbaren Vorbereitungshandlungen für die Aufnahme des Betriebes zählen dabei auch schon zu den Tätigkeiten des Handelsgewerbes. Die Kaufmannseigenschaft beginnt daher bereits mit diesen

______________________.

Entscheiden Sie bitte:

Ist ein Einzelhändler bereits Kaufmann nach § 1 Abs. 1 HGB geworden, wenn er Geschäftsräume mietet, Verkäuferinnen anstellt, das Geschäft aber noch nicht eröffnet hat?

(Ja/Nein) ____________

Begründung: ______________________________

____

A 1.29 Handelsgewerbe betreibt.
Vorbereitungshandlungen
Ja: Derartige vorbereitende Tätigkeiten sind schon Teil des Handelsgewerbes nach § 1 Abs. 2 Nr. 1 HGB.

1.30

Die Kaufmannseigenschaft endet erst mit vollständiger Aufgabe des Handelsgewerbes.

Wird sie also dadurch beendet, daß ein Betrieb zeitweilig wegen Krankheit des Gewerbetreibenden eingestellt wird?

(Ja/Nein) ____________

Begründung: ______________________________________

____

A 1.30 Nein: Der Betrieb ist noch nicht endgültig eingestellt worden.

1.31

Sie kennen jetzt den Kaufmann nach § 1 HGB.

Entscheiden Sie bitte abschließend zu § 1 HGB:

Welche Personen sind Kaufleute, weil sie ein Handelsgewerbe nach § 1 Abs. 2 HGB betreiben?

1. ein Lederwarenhändler ☐
2. ein Buchgroßhändler ☐
3. ein Papierfabrikant ☐
4. ein Kunstmaler ☐
5. ein Handelsvertreter ☐
6. ein Handelsmakler ☐
7. ein Inhaber einer Privatbank ☐
8. ein Angestellter (Leiter der Einkaufsabteilung) ☐

Ist auch Mitschüler Georg als Importkaufmann (LE 1.1) Kaufmann nach § 1 HGB? Ja ☐ Nein ☐

A 1.31 1. – 3. ☒
5. – 7. ☒
Georg: Ja ☒

1.32

Wenden wir uns nun dem *Kaufmann nach § 2 HGB zu:*

Nach § 2 HGB ist ein handwerkliches oder sonstiges gewerbliches Unternehmen, dessen Gewerbebetrieb nicht unter § 1 Abs. 2 HGB fällt, ebenfalls Handelsgewerbe, wenn der Betrieb nach Art und Umfang eine kaufmännische Einrichtung erfordert und die Firma in das Handelsregister eingetragen worden ist.

Der Gewerbetreibende wird nach dieser Vorschrift damit erst durch die ________________ in das Handelsregister zum Kaufmann.

Wir nennen diesen Kaufmann daher nicht „Kaufmann kraft Betätigung" wie den Kaufmann nach § __ HGB, sondern ____________ kraft ____________________ .

A 1.32 Eintragung
§ 1 HGB / Kaufmann kraft Eintragung

1.33

Nach § 2 HGB ist der Unternehmer zur Eintragung verpflichtet:

er *soll* sich eintragen lassen, er *soll* dadurch Kaufmann werden.

Daher heißt der Kaufmann nach § 2 HGB nicht Ist- (oder Muß-) kaufmann wie der Kaufmann nach § __ HGB, sondern

________________ -kaufmann.

A 1.33 § 1 HGB
Sollkaufmann

1.34

Der Gewerbebetrieb des Sollkaufmanns ist nach § 2 HGB ein Handelsgewerbe, wenn zwei Voraussetzungen erfüllt sind:

1. der Gewerbebetrieb muß nach Art und Umfang einen in

   ____

   erfordern,

2. die Firma muß in das ______________________ werden.

A 1.34 1. . . . kaufmännischer Weise eingerichteten Geschäftsbetrieb erfordern,

2. . . . Handelsregister eingetragen

1.35

Überlegen Sie bitte:

Ist es nach § 2 HGB von rechtlicher Bedeutung, ob der Unternehmer selbst eine derartige kaufmännische Einrichtung für geboten hält?

(Ja/Nein) ______________

Begründung: ______________________________

____

A 1.35 Nein: Die Auffassung des Unternehmers ist nach § 2 HGB unerheblich, es kommt allein auf das betriebliche Erfordernis einer kaufmännischen Einrichtung an.

1.36

Ein Betrieb ist kaufmännisch eingerichtet, wenn insbesondere die laufenden Geschäftsvorfälle und das Vermögen des Kaufmanns aufgezeichnet werden.

Typische Merkmale der kaufmännischen Einrichtung eines Betriebes sind deshalb:

1. die Buchführung ☐
2. Einsatz von kaufmännisch ausgebildetem Personal ☐
3. Arbeitskräfte für die Produktion ☐

A 1.36 1. [x]

2. [x]

Haben Sie auch Ziff. 3 angekreuzt, so bedenken Sie bitte: Die Produktion ist kein notwendiges Merkmal einer kaufmännischen Einrichtung. Die kaufmännische Einrichtung wird allerdings bei Fertigungsbetrieben häufig gegeben sein.

1.37

Zu § 2 HGB noch folgender Fall:

Der Bauunternehmer Hillebill ist im Tiefbau tätig. Er beschäftigt 120 Arbeiter, mehrere Buchhalter und vier weitere kaufmännische Angestellte. Er ist unter der Firma „Hillebill, Straßenbauunternehmen" im Handelsregister eingetragen.

	Ja	Nein
1. Fällt der Gewerbebetrieb unter eine der Nummern des § 1 Abs. 1 HGB?		
2. Erfordert sein Gewerbebetrieb eine kaufmännische Einrichtung?		
3. Ist die Firma im Handelsregister eingetragen?		

Hillebill ist daher nach § 2 HGB (Kaufmann/kein Kaufmann)

______________________________ .

A 1.37

	Ja	Nein
1.		x
2.	x	
3.	x	

Kaufmann

1.38

Abschließend zu § 2 HGB fragen wir uns, ob Schuhmachermeister Hans Sachs (LE 1.26) dann Sollkaufmann nach § 2 HGB ist, wenn das Material für die Schuhe von den Bauunternehmern gestellt wird. Hans Sachs ist nicht im Handelsregister eingetragen.

Sein handwerkliches Unternehmen ist (ein/kein) ________________ Handelsgewerbe nach § 2 HGB, weil es eine kaufmännische Einrichtung (erfordert/nicht erfordert) ________________ . Außerdem ist die Firma (auch/nicht) ________________ im Handelsregister eingetragen.

Hans Sachs (ist/ist kein) ________________ Kaufmann nach § 2 HGB.

A 1.38 kein / nicht erfordert
nicht
ist kein

Zusatzbeispiele für gewerbliche Unternehmen nach § 2 HGB: Theater, Kino, Zirkus, Werbebüros, Hotels garni, Ziegelei für selbst gewonnenes Material, Steinbruch.

1.39

Nun zum *Kaufmann nach § 3 HGB:*

Nach § 3 Abs. 2 HGB findet für Nebengewerbe zu Betrieben der Land- und Forstwirtschaft § 2 HGB Anwendung. Allerdings ist die Eintragung in das Handelsregister nicht Pflicht. Der Unternehmer *kann* sich aber eintragen lassen und *kann* so durch die Eintragung ebenfalls zum

____________________ werden. Er ist also auch Kaufmann kraft

____________________.

Wie können wir den Kaufmann nach § 3 Abs. 2 HGB nennen?

Istkaufmann ☐ Mußkaufmann ☐
Sollkaufmann ☐ Kannkaufmann ☐

A 1.39 Kaufmann
Eintragung
Kannkaufmann ☒

1.40

Nebengewerbe zur Land- und Forstwirtschaft sind nur solche Gewerbe, die zum Hauptgewerbe der jeweiligen Land- und Forstwirtschaft in einer inneren Abhängigkeit stehen.

Typische Beispiele für derartige Nebengewerbe sind:

1. Sägewerk für eigenes Holz ☐
2. Brennerei für eigenes Getreide ☐
3. Handel mit Kunstdünger ☐
4. Mühle für eigenes Getreide ☐

A 1.40 1. ☒

2. ☒

4. ☒

Haben Sie auch Ziff. 3 angekreuzt, erwägen Sie bitte nochmals, ob der Handel mit Kunstdünger ein Nebengewerbe ist, das vom Hauptgewerbe des Land- oder Forstwirts abhängt.
(Da nicht eigene Erzeugnisse der Land- und Forstwirtschaft gehandelt werden, liegt vielmehr schon ein Handelsgewerbe nach § 1 Abs. 2 Nr. 1 HGB vor.)

1.41

Lesen Sie bitte noch einmal § 3 Abs. 2 HGB.

Sie sehen, daß § 3 Abs. 2 HGB auf § 2 HGB Bezug nimmt.

Welches Merkmal muß folglich wie bei § 2 HGB auch hier in § 3 Abs. 2 HGB noch erfüllt sein?

Das Nebengewerbe zur Land- und Forstwirtschaft muß wie das Gewerbe des Sollkaufmanns in § 2 HGB nach ________________ und ________________ einen in ________________

____

A 1.41 ... Art (und) Umfang (einen in) kaufmännischer Weise eingerichteten Geschäftsbetrieb erfordern.

1.42

Sie können nun schon die Kaufleute der §§ 1–3 HGB in einer Übersicht wie folgt zusammenfassen:

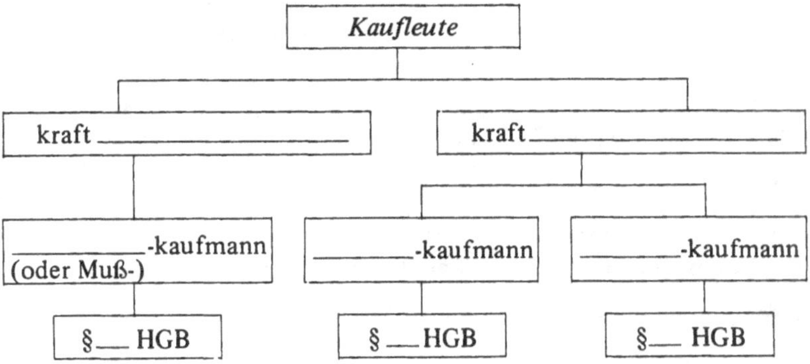

A 1.42 Betätigung, Eintragung
Ist-, Soll-, Kannkaufmann
§ 1 HGB, § 2 HGB, § 3 HGB

1.43

Bei dieser Gelegenheit merken wir uns:

Eine Eintragung in das Handelsregister, die nur zur Klarstellung bereits begründeter Rechte dient, nennen wir *deklaratorische* (= rechtserläuternde) Eintragung.

Wird aber das Recht durch die Eintragung erst begründet, so ist die Eintragung *konstitutiv* (= rechtsbegründend).

Die Eintragung des Istkaufmanns ist demnach ______________

(oder ______________).

Die Eintragung des Soll- und Kannkaufmanns ist ______________

(oder ______________).

A 1.43 deklaratorisch (oder rechtserläuternd)
konstitutiv (oder rechtsbegründend)

1.44

Wir betrachten weiter folgenden *Ausgangsfall:*

Die Witwe Baucis betreibt einen Schreibwareneinzelhandel. Außer ihrer Schwester, die Frau Baucis gelegentlich z. B. im Krankheitsfall unterstützt, beschäftigt sie kein Personal. Der Gewinn aus Gewerbebetrieb beträgt durchschnittlich 4 ooo,– DM im Jahr.

Untersuchen Sie zunächst einmal, ob Frau Baucis Kaufmann im Rechtssinne nach den §§ 1–3 HGB ist.

(Ja/Nein) ______________

Begründung: ______________________________

____

A 1.44 Ja: Sie ist Kaufmann nach § 1 HGB, weil sie ein Handelsgewerbe nach § 1 Abs. 2 Nr. 1 HGB betreibt.

Haben Sie die Frage verneint, lesen Sie bitte noch einmal genau die Aufgabe und ggf. LE 1.6 und LE 1.14.

1.45

Für Frau Baucis müßten nun an sich folgerichtig alle Bestimmungen des Handelsrechts gelten – z. B. auch § 38 HGB über die Buchführungspflicht des Kaufmanns. Dadurch würden aber Kaufleute mit kleinem Gewerbebetrieb überfordert.

Um eine Überforderung dieser Kaufleute zu vermeiden, bestimmt § 4 HGB, daß auf diese Kaufleute das Handelsrecht nicht in *vollem* Umfang, sondern nur in *minderem* Umfang anzuwenden ist, weil ihr Betrieb nach Art oder Umfang eine kaufmännische Einrichtung nicht erfordert.

Den Kaufmann nach § 4 HGB nennen wir daher ______________________ (oder weniger üblich auch Kleinkaufmann), den nicht unter § 4 HGB fallenden Kaufmann ______________________ .

A 1.45 Minderkaufmann / Vollkaufmann

Anmerkung: Diese Einteilung der Kaufleute ist also nicht auf die in den §§ 1–3 HGB behandelte Art des Erwerbs der Kaufmannseigenschaft abgestellt, sondern auf den Umfang des für den Kaufmann geltenden Handelsrechts.

1.46

Ein Kaufmann ist nach § 4 Abs. 1 HGB Minderkaufmann, wenn der Gewerbebetrieb nach ____

____

Nach § 4 Abs. 1 HGB gelten für den Minderkaufmann nicht die Vorschriften über

1. die ______________________
2. die ______________________
3. die ______________________

Nach § 4 Abs. 2 HGB kann für einen derartigen Gewerbebetrieb auch keine ____ oder ______________________________________ begründet werden.

A 1.46 . . . Art oder Umfang einen in kaufmännischer Weise eingerichteten Geschäftsbetrieb nicht erfordert.

1. die Firma
2. die Handelsbücher
3. die Prokura

offene Handelsgesellschaft/Kommanditgesellschaft (oder OHG/KG)

1.47

Wir müssen daher § 38 HGB, der die Führung von Handelsbüchern durch den „Kaufmann“ anordnet, auslegen:

Nur jeder ________________ -kaufmann ist verpflichtet, Bücher zu führen. . .

Anregung:

Ändern Sie bitte den Gesetzestext in § 38 HGB Ihrer Gesetzesausgabe.

Verbessern Sie bitte auch die Fassungen des § 17 HGB über die Firma und § 48 HGB über die Prokura.

A 1.47 Vollkaufmann

1.48

Zu unserem Ausgangsfall, dem Einzelhandel der Frau Baucis (LE 1.44), haben wir schon zutreffend entschieden, daß Frau Baucis Kaufmann nach § 1 HGB ist.

Ist sie Minderkaufmann nach § 4 HGB?

(Ja/Nein) ______________

Begründung: ______________________________

____

____

A 1.48 Ja: Ihr Gewerbebetrieb erfordert weder nach Art noch nach Umfang eine kaufmännische Einrichtung wie Buchführung und kaufmännisch ausgebildetes Personal. (Zur „kaufmännischen Einrichtung" s. ggf. noch einmal LE 1.35, 1.36.)

1.49

Ist Frau Baucis somit gem. § 38 HGB zur Buchführung verpflichtet?

(Ja/Nein) ______________

Begründung: ____

____

A 1.49 Nein: Nach § 4 HGB gelten die Vorschriften über die Handelsbücher für den Minderkaufmann nicht.

1.50

Übungsfrage:

Kann jeder Kaufmann der §§ 1–3 HGB (Ist-, Soll-, Kannkaufmann) zugleich Minderkaufmann nach § 4 HGB sein?

(Ja/Nein) ____________

Begründung: ____

____

____

____

Benötigen Sie Hilfe? Vergleichen Sie bitte die einzelnen Tatbestandsmerkmale der §§ 1–3 HGB mit § 4 HGB. Überlegen Sie, ob diese Vorschriften sich evtl. gegenseitig ausschließen.

A 1.50 Nein: § 2 HGB setzt einen Gewerbebetrieb voraus, der nach Art und Umfang eine kaufmännische Einrichtung erfordert. Dieses Merkmal gilt wegen der Verweisung auf § 2 HGB auch für § 3 Abs. 2 HGB. § 4 HGB verlangt aber gerade, daß *keine* solche Einrichtung notwendig ist.

Wir halten daher fest:

Nur der *Ist*kaufmann nach § 1 HGB kann demnach Voll- *oder* Minderkaufmann sein. Soll- und Kannkaufleute sind schon begrifflich stets Vollkaufleute.

1.51

Sie können jetzt die Kaufleute der §§ 1–3 HGB nach ihren Unterscheidungsmerkmalen in zwei große Gruppen einteilen:

I. *Nach der Art des Erwerbs der Kaufmannseigenschaft*

1. ________-kaufmann kraft ________________ (§ _____HGB)
2. ________-kaufmann kraft ________________ (§ _____HGB)
3. ________-kaufmann kraft ________________ (§ _____HGB)

II. *Nach dem Umfang des für den Kaufmann geltenden Handelsrechts*

1. ________-kaufmann
2. ________-kaufmann (§ _____HGB)

A 1.51

I. 1. Istkaufmann (oder Mußkaufmann) kraft Betätigung (§ 1 HGB)
2. Sollkaufmann kraft Eintragung (§ 2 HGB)
3. Kannkaufmann kraft Eintragung (§ 3 HGB)

II. 1. Vollkaufmann
2. Minderkaufmann (§ 4 HGB)

1.52

In Ausnahmefällen wird auch einmal ein Gewerbetreibender fälschlich in das Handelsregister eingetragen, obwohl sein Gewerbebetrieb kein Handelsgewerbe nach den §§ 1–3 HGB ist. Durch diese falsche Eintragung im öffentlichen Handelsregister entsteht aber für den Handelsverkehr der *Rechtsschein*, als ob der Gewerbetreibende Kaufmann sei.

§ 5 HGB ordnet daher an, daß dieser Mangel nicht im Geschäftsverkehr geltend gemacht werden kann. Der Gewerbetreibende ist daher trotz fehlenden Handelsgewerbes Kaufmann.

Wir nennen ihn Kaufmann kraft Rechts*scheins*, also kürzer

_______________ -kaufmann.

A 1.52 Scheinkaufmann

1.53

Nach § 5 HGB kann bei falscher Eintragung in das Handelsregister im Geschäftsverkehr auch nicht geltend gemacht werden, daß der Gewerbebetrieb unter § 4 HGB fällt.

In diesem Fall ist der Kaufmann wegen des Rechtsscheins also nicht nach § 4 HGB nur ______________________, sondern

______________________ .

A 1.53 Minderkaufmann/Vollkaufmann

1.54

Bisher haben wir lediglich *Einzel*personen kennengelernt, die ein Handelsgewerbe betreiben und nach den §§ 1–5 HGB Kaufmann, Vollkaufmann oder Minderkaufmann sind.

Wir bezeichnen diese *Einzel*personen deshalb als

____ .

A 1.54 Einzelkaufleute

1.55

Neben diesen Einzelkaufleuten gibt es die *Handelsgesellschaften:*

nach § 105 ff. HGB	die offene Handelsgesellschaft (OHG),
nach § 161 ff. HGB	die Kommanditgesellschaft (KG),
nach dem AktG	die Aktiengesellschaft (AG),
nach dem AktG	die Kommanditgesellschaft auf Aktien (KGaA),
nach dem GmbHG	die Gesellschaft mit beschränkter Haftung (GmbH).

Für die nicht rechtsfähigen OHG und KG bestimmt § 6 Abs. 1 HGB, daß auch die Gesellschaft selbst Kaufmann ist.

Die AG, KGaA und GmbH sind kraft ihrer Rechts*form* stets Handelsgesellschaften und somit Kaufleute, auch wenn sie ausnahmsweise kein Handelsgewerbe betreiben. Daher nennen wir jede dieser Gesellschaften ____________ -kaufmann.

Kaufmann ist nach § 17 Abs. 2 GenG auch die eingetragene Genossenschaft (eG).

A 1.55 Formkaufmann

Hinweis: Die Gesellschafter einer OHG und die persönlich haftenden Gesellschafter (Komplementäre) einer KG, die nach § 161 Abs. 1 HGB aus mindestens einem Komplementär und einem beschränkt haftenden Kommanditisten besteht, sind ebenfalls Kaufleute nach den §§ 1–3 HGB; denn OHG und KG müssen nach § 105 Abs. 1 HGB und § 161 Abs. 1 HGB stets ein Handelsgewerbe nach den §§ 1–3 HGB betreiben.

1.56

III. Erfolgskontrolle

Die in Klammern angefügten Lernelemente geben Ihnen die Möglichkeit, den jeweiligen Lernstoff ggf. noch einmal durchzuarbeiten. Auf diese Weise können Sie diese große Erfolgskontrolle auch für eine spätere Wiederholung verwenden.

Die Lösungen der Rechtsfälle sind kurz zu begründen.
Nehmen Sie bitte auch hier als Hilfsmittel das Gesetz zur Hand.

1. Für den Begriff des Kaufmanns nach dem Handelsrecht kommt es ausschließlich darauf an, ob die Person Kaufmann im (Rechtssinne/wirtschaftlichen Sinne) ______________________

   nach den §§ ______________ ist.
   (LE 1.1–1.3)

2. Die §§ 1–3 HGB behandeln den

   a) ______________________________ (§ ____HGB)

   b) ______________________________ (§ ____HGB)

   c) ______________________________ (§ ____HGB)

(LE 1.9, 1.33, 1.39)

noch 1.56

3. Es muß hiernach stets ein bestimmtes Gewerbe betrieben werden:

   ein ______________________________.
   (LE 1.5)

4. Welches Teilmerkmal des Begriffs Handelsgewerbe muß zunächst erfüllt sein? ______________________

   Freiberufler und Landwirte sind (ebenfalls/keine) __________ Gewerbetreibende.
   (LE 1.11, 1.12)

5. Welche rechtliche Bedeutung hat für den Erwerb der Kaufmannseigenschaft nach §§ 1–3 HGB die Eintragung in das Handelsregister?

	deklaratorische Eintragung	konstitutive Eintragung
a) Istkaufmann (Mußkaufmann)		
b) Sollkaufmann		
c) Kannkaufmann		

   (LE 1.8, 1.32, 1.39, 1.42, 1.43)

6. Der Händler Kreck vertreibt im Groß- und Einzelhandel Sportartikel.

   Ist Kreck Kaufmann? ______________________________

   ____

   ____

   (LE 1.10, 1.14–1.19)

noch 1.56

7. Der minderjährige Schüler Peter Span hat von seinem Großvater eine Büromöbelfabrik geerbt. Gesetzliche Vertreter sind seine Eltern.

   Ist Peter Span Kaufmann? ______________________

   ____

   ____

   ____

   (LE 1.13–1.19)

8. Sind alle Handels- und Herstellungsbetriebe für Waren Handelsgewerbe nach § 1 Abs. 2 Nr. 1 HGB?

   ____

   ____

   (LE 1.18)

9. Sind folgende Gewerbetreibende Kaufleute nach § 1 HGB?

   a) ein Radio- und Fernsehgerätehändler ☐

   b) ein Spirituosenfabrikant ☐

   c) ein Bankier ☐

   d) ein Komissionär ☐

   e) ein Spediteur ☐

   f) ein Handelsvertreter ☐

   g) ein Handelsmakler ☐

   (LE 1.14–1.31)

noch 1.56

10. Der Bauunternehmer Ziegler ist im Hochbau tätig. Er beschäftigt 60 Arbeiter und Angestellte. In das Handelsregister ist er nicht eingetragen.

    Ist er Kaufmann? ______________________________

    ____

    ____

    ____

    (LE 1.14, 1.20–1.26)

11. Der Schneidermeister Boeck bessert in seiner Werkstatt für ein Theater Kostüme aus. Er ist nicht im Handelsregister eingetragen?

    Ist er Kaufmann? ______________________________

    ____

    ____

    ____

    (LE 1.20–1.26, 1.32–1.38)

12. Der Landwirt Mayboom bewirtschaftet seinen Hof und betreibt außerdem einen Landmaschinenhandel.

    Ist er Kaufmamm? a) als Landwirt: ________________

    ____

    ____

    b) als Händler: ________________

    ____

    ____

    (LE 1.11, 1.14, 1.39–1.41)

noch 1.56

13. Nach § 4 HGB sind die Kaufleute in zwei Gruppen einzuteilen:

    a) ______________________________

    b) ______________________________

    (LE 1.44, 1.45)

14. Für welchen Kaufmann gelten nicht die Vorschriften über die Firma, die Handelsbücher und die Prokura?

    a) Sollkaufmann ☐

    b) Minderkaufmann ☐

    c) Vollkaufmann ☐

    d) Kannkaufmann ☐

    (LE 1.46–1.51)

15. Welcher Kaufmann der §§ 1–3 HGB kann Vollkaufmann oder Minderkaufmann sein?

    ____

    (LE 1.50)

noch 1.56

16. Der Textileinzelhändler Felix betreibt einen Textileinzelhandel. Er erzielt durchschnittlich einen Jahresgewinn von 6000,– DM. Angestellte werden nicht beschäftigt.
Ist Felix gem. § 38 HGB zur Buchführung verpflichtet?

____

____

____

____

Kann Felix mit seinem Vater zum Betreib des Textileinzelhandels eine OHG oder KG gründen?

____

____

(LE 1.46–1.50)

17. Wann beginnt die Buchführungspflicht für die Vollkaufleute der §§ 1–3 HGB?

a) Istkaufmann (Mußkaufmann): ______________________

____

b) Sollkaufmann: ______________________________

____

c) Kannkaufmann: ______________________________

____

(LE 1.8, 1.32, 1.39, 1.45)

18. Ein Gewerbetreibender kann durch falsche Eintragung in das Handelsregister zum Kaufmann und zwar zum Vollkaufmann werden:
der ______________ -kaufmann nach § ________ HGB.

(LE 1.52, 1.53)

noch 1.56

19. Neben den Einzelkaufleuten sind die Handelsgesellschaften (ebenfalls/keine) ____________________ Kaufleute.
(LE 1.54, 1.55)

20. Kaufleute sind nach § ________ HGB z. B.:
a) die OHG ☐
b) die KG ☐
c) die AG ☐
d) die KGaA ☐
e) die GmbH ☐
(LE 1.54, 1.55)

A 1.56

1. Rechtssinne/§§ 1–7 HGB

2. a) Istkaufmann (Mußkaufmann) (§ 1 HGB)
   b) Sollkaufmann (§ 2 HGB)
   c) Kannkaufmann (§ 3 HGB)

3. Handelsgewerbe

4. Gewerbe
   keine

5.

	deklaratorische Eintragung	konstitutive Eintragung
a)	x	
b)		x
c)		x

6. Kreck ist Kaufmann nach § 1 Abs. 1 HGB; denn Groß- und Einzelhandel sind ein Handelsgewerbe nach § 1 Abs. 2 Nr. 1 HGB.

7. Peter Span ist Kaufmann nach § 1 Abs. 1 HGB; die Büromöbelfabrik ist ein Handelsgewerbe nach § 1 Abs. 2 Nr. 1 HGB. Die fehlende Geschäftsfähigkeit ist unerheblich, da er durch seine Eltern als gesetzliche Vertreter vertreten wird.

8. Ja; es handelt sich hierbei nach § 1 Abs. 2 Nr. 1 HGB stets um die Anschaffung und Weiterveräußerung von Waren. Die Bearbeitung und Verarbeitung der Waren ist dabei unerheblich.

9. a) ☒
   b) ☒
   c) ☒
   d) ☒
   e) ☒
   f) ☒
   g) ☒

noch A 1.56

10. Ziegler ist kein Kaufmann. Er betreibt kein Handelsgewerbe nach § 1 Abs. 2 Nr. 1 und 2 HGB, weil er keine Waren anschafft und die Be- und Verarbeitung handwerksmäßig geschieht. Für ein Handelsgewerbe nach § 2 HGB fehlt es an der erforderlichen Eintragung.

11. Boeck ist kein Kaufmann. Es liegt weder ein Handelsgewerbe nach § 1 Abs. 2 Nr. 2 HGB noch nach § 2 HGB vor, weil er einmal seine Werkstatt handwerksmäßig betreibt und zum anderen eine kaufmännische Einrichtung nicht erforderlich ist. Wegen der fehlenden Eintragung kann er auch kein Scheinkaufmann nach § 5 HGB sein.

12. a) Als Landwirt ist Mayboom kein Kaufmann, weil die Landwirtschaft kein Gewerbe ist. § 3 Abs. 1 HGB nimmt sie ausdrücklich von den §§ 1–2 HGB aus.

    b) Hinsichtlich des Landmaschinenhandels ist er dagegen Kaufmann gem. § 1 Abs. 1 i.V.m. § 1 Abs. 2 Nr. 1 HGB.

13. a) Vollkaufleute
    b) Minderkaufleute

14. b) ☒

15. der Istkaufmann (Mußkaufmann)

16. Felix ist Kaufmann nach § 1 Abs. 1 i.V.m. Abs. 2 Nr. 1 HGB. Da sein Handelsgewerbe nach Art oder Umfang eine kaufmännische Einrichtung nicht erfordert, ist er Minderkaufmann nach § 4 HGB. Für ihn ist hiernach § 38 HGB nicht anzuwenden. Er ist daher nicht nach § 38 HGB zur Buchführung verpflichtet.

    Für einen derartigen Gewerbebetrieb kann nach § 4 Abs. 1 HGB keine OHG oder KG begründet werden.

17. a) mit der Betätigung in einem Vollhandelsgewerbe nach § 1 Abs. 2 HGB
    b) mit der Eintragung in das Handelsregister
    c) mit der Eintragung in das Handelsregister

noch A 1.56

18. Scheinkaufmann § 5 HGB

19. ebenfalls

20. § 6 HGB
    a) [X]
    b) [X]
    c) [X]
    d) [X]
    e) [X]

2. Lektion

A. DIE FIRMA DES KAUFMANNS
B. DAS HANDELSREGISTER

I. Lernziel, Bearbeitungszeit, Hilfsmittel

Wenn Sie diese Lektion durchgearbeitet haben, kennen Sie die Grundlagen des Firmenrechts, insbesondere Begriff und Bedeutung der Firma, und wissen, welche Firmen der Kaufmann führen darf. Außerdem kennen Sie Aufgabe und Aufbau des Handelsregisters.

Die Bearbeitungszeit beträgt etwa $1-1^1/_2$ Stunden.

Als Gesetz benötigen wir wiederum das HGB.

Wir betrachten folgenden Ausgangsfall:

Nach Abschluß seiner Ausbildung gründet Hans Mayer ein Unternehmen zur Herstellung von Autozubehör aus Kunststoff. Er kauft ein Grundstück, errichtet ein Fabrikations- und Bürogebäude und nimmt mit Arbeitern und Angestellten die Produktion auf.

Wir wissen bereits aus der 1. Lektion „Der Kaufmann":

Hans Mayer hat mit der Gründung seines Unternehmens gem. § 1 Abs. 1 HGB die rechtliche Eigenschaft als ______________________________

erworben, weil er ein ______________________________ nach § ____________

Abs. ______ Nr. ______ HGB betreibt.

A 2.1 Kaufmann / Handelsgewerbe (oder Grundhandelsgewerbe) / § 1 Abs. 2 Nr. 1 HGB

2.2

Hans Mayer möchte nun wie jeder Kaufmann im Geschäftsverkehr bekannt werden und deshalb gegenüber Lieferanten, Kunden, Banken usw. unter einer bestimmten Bezeichnung auftreten.

Nach dem bürgerlichen Recht des BGB steht Hans Mayer nur sein sog. bürgerlicher Name (= Vorname und Familienname) zu. Wenn er auch im Handelsverkehr *nur* diesen Namen verwenden dürfte, müßte er daher z.B. auf der Hannover-Messe folgende Bezeichnung wählen und auch die Verträge so unterzeichnen:

1. Hans Mayer, Kunststofferzeugnisse ☐
2. Hans Mayer ☐

A 2.2 2. [X]

Haben Sie Ziff. 1 angekreuzt, so bedenken Sie bitte, daß der bürgerliche Name selbst keinen weiteren Zusatz über das Unternehmen *als Namensbestandteil* enthalten kann; der bürgerliche Name besteht nämlich rechtlich *nur* aus dem oder den Vornamen und dem Familiennamen (Zunamen).

2.3

Das Handelsrecht regelt als Sonderrecht der Kaufleute für den Handelsverkehr den *Handelsnamen* des Kaufmanns abweichend vom bürgerlichen Recht. Für den Handelsnamen des Kaufmanns verwendet es gem. § 17 ff. HGB den Begriff ______________________.

A 2.3 Firma (oder Handelsfirma)

2.4

Die Firma eines Kaufmanns ist nach der Legaldefinition in § 17 Abs. 1 HGB der ______________________________

____

____

Der Kaufmann kann nach § 17 Abs. 2 HGB auch unter seiner Firma

______________________________.

Erinnern Sie sich? (Vgl. Sie ggf. noch einmal LE 1.46.)

Nach § ______ Abs. 1 HGB kann rechtlich nur

1. der Vollkaufmann ☐
2. der Minderkaufmann ☐

eine Firma führen.

Im Geschäftsverkehr gibt es für die Firma die Abkürzung ________.

A 2.4 ... Name, unter dem er im Handel seine Geschäfte betreibt und die Unterschrift abgibt.

... klagen und verklagt werden.

§ 4 Abs. 1 HGB / 1. ☒

Fa.

Wir merken uns:

Die Firma ist also der ***Name des Kaufmanns selbst und keine unmittelbare Bezeichnung für das Unternehmen.*** Dieser rechtliche Unterschied wird im Sprachgebrauch des täglichen Lebens oft nicht beachtet, und die Firma wird mit dem Unternehmen gleichgesetzt. Die Firma kennzeichnet das Unternehmen nur mittelbar.

2.5

Ein Einzelkaufmann hat nach § 18 Abs. 1 HGB als ______________ seinen ____________________ mit mindestens einem ausgeschriebenen ____________________ zu führen.

Der Kaufmann Hans Mayer muß danach als Handelsnamen folgende ____________________ führen:

____

A 2.5 Firma / Familiennamen / Vornamen
Firma / Hans Mayer

2.6

Hans Mayer will diesem sog. Fimenkern „Hans Mayer“ zur besseren Kennzeichnung im Geschäftsverkehr einen Zusatz als Bestandteil der Firma hinzufügen; jeder soll sogleich auch den Gegenstand seines Unternehmens erkennen können.

Zusätze zum Namen sind zur Unterscheidung der Person oder des Geschäfts nach § 18 Abs. 2 S. 2 HGB als Firmenbestandteil (zulässig/ nicht zulässig) ____________________.

Daher kann Hans Mayer in seinem Unternehmen zur Herstellung von Autozubehör aus Kunststoff (LE 2.1) z. B. als Firma führen:

1. Autozubehörfabrik Hans Mayer ☐
2. Hans Mayer, Kunststoffverarbeitung ☐

A 2.6 zulässig

1. [X]

2. [X]

In beiden Fällen weist der Zusatz auf den Gegenstand des Unternehmens hin: Herstellung von Autozubehör aus Kunststoff. (Hans Mayer wird zum Wettbewerb im Geschäftsverkehr einen günstigen, werbewirksamen Zusatz wählen.)

2.7

Wir kennen jetzt schon eine bestimmte Art der Firma:

Die Firma des Einzelkaufmanns kann *einfach* aus seinem Namen bestehen oder sich aus diesem Namen als sog. Firmenkern und einem Zusatz *zusammensetzen.*

So werden die Firmen in der Rechtswissenschaft nach diesem Unterscheidungsmerkmal üblicherweise eingeteilt in:

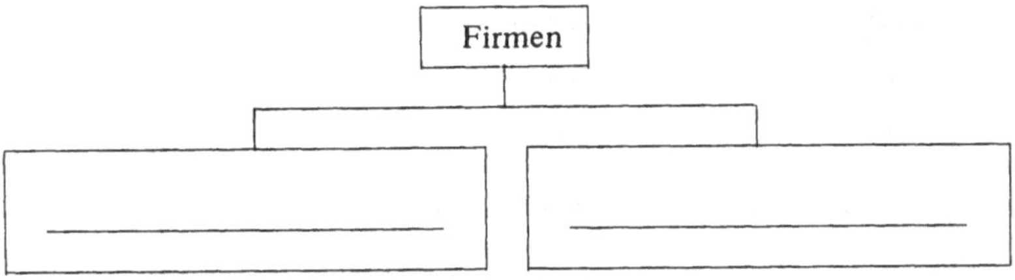

A 2.7

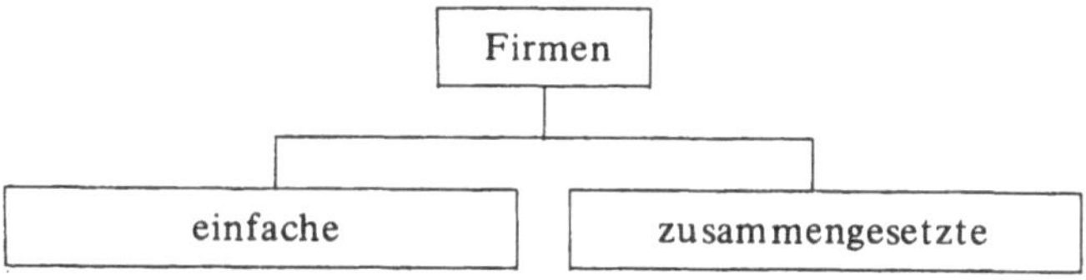

2.8

Wir haben gesehen, welche Vorschriften der Einzelkaufmann bei der Wahl seiner Firma zu beachten hat.

Die Firma des *Einzel*kaufmanns bezeichnet man als ______________ -firma.

Wie wir aus der 1. Lektion über den Kaufmann wissen, sind die Handelsgesellschaften (OHG, KG, AG, KGaA, GmbH) nach § 6 HGB (ebenfalls/keine) ________________ Kaufleute.

Die Firma der *Gesellschaften* heißt nicht wie beim Einzelkaufmann ________________ -firma, sondern folgerichtig:

____.

Diese Art der Firmen wollen wir auch aufzeigen:

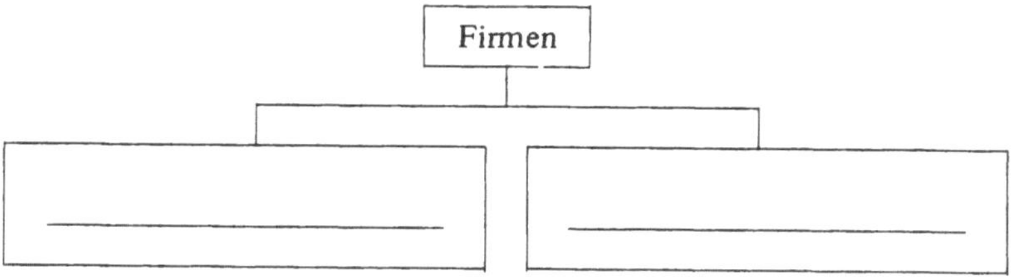

A 2.8 Einzelfirma
ebenfalls
Einzelfirma / Gesellschaftsfirma

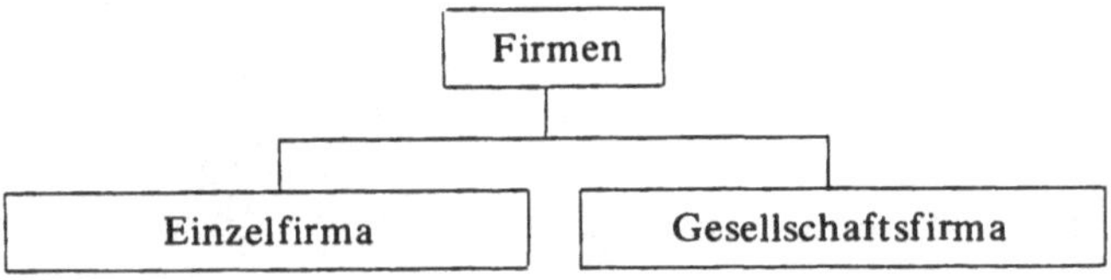

2.9

Die Firma einer OHG muß nach § 19 Abs. 1 HGB enthalten:

1. den Namen nur eines Gesellschafters ☐

oder 2. wenigstens den Namen eines Gesellschafters mit einem das Vorhandensein einer Gesellschaft andeutenden Zusatz ☐

oder 3. die Namen aller Gesellschafter ☐

A 2.9 2. ☒
3. ☒

2.10

Sie können jetzt entscheiden:

Eine OHG mit den Gesellschaftern A, B und C kann gem. § 19 Abs. 1 HGB z. B. firmieren:

1. A, B, C ☐
2. A ☐
3. A & Co.* ☐
4. A, B & Co. OHG ☐
5. A, B, C & Co. ☐

* Co. = frz. Abkürzung für Compagnon oder Compagnons = Gesellschafter. Selten finden Sie die nicht mehr gebräuchliche Abkürzung Cie. (Compagnie = Gesellschaft).

A 2.10 1. ☒
3. ☒
4. ☒

Anmerkung: Die Gesellschafter werden im Einzelfall die Auswahl vor allem nach den Erfordernissen des Wirtschaftslebens treffen und z. B. darauf abstellen, welcher Gesellschafter schon im Wirtschaftsverkehr bekannt ist und als Kaufmann einen guten Ruf genießt.

2.11

Die KG, die nach § 161 Abs. 1 HGB aus mindestens einem persönlich haftenden Gesellschafter und einem beschränkt haftenden Kommanditisten besteht, muß gem. § 19 Abs. 2 und 4 HGB in die Firma aufnehmen:

1. den Namen wenigstens eines persönlich haftenden Gesellschafters ohne jeglichen Zusatz ☐

oder 2. den Namen wenigstens eines persönlich haftenden Gesellschafters mit einem das Vorhandensein einer Gesellschaft andeutenden Zusatz ☐

oder 3. den Namen aller Gesellschafter ☐

A 2.11 2. [X]

2.12

Prüfen Sie nun bitte für die Firma der OHG und KG:

Ist es nach § 19 Abs. 1 und 2 HGB zwingend erforderlich, daß das Vorhandensein dieser Gesellschaften stets mit dem Zusatz „OHG“ oder „KG“ angezeigt wird?

(Ja/Nein) ______________

Begründung: ______________________________

____

____

____

A 2.12 Nein: Der Zusatz OHG oder KG ist zwar zur Kennzeichnung einer Gesellschaft zulässig, es genügt aber nach § 19 Abs. 1 und 2 HGB auch jeder andere Zusatz, der das Bestehen einer Gesellschaft anzeigt.

Weitere Beispiele für derartige Zusätze bei der OHG und KG:

Hans Müller & Sohn
Gebrüder Berger

Hinweis: Ergibt sich aus dem Firmenzusatz in einem Einzelfall in Ihrer Praxis nicht, ob eine OHG oder KG vorliegt, können Sie das durch Einsichtnahme in den Gesellschaftsvertrag oder in das Handelsregister klären.

2.13

Die Firma einer Aktiengesellschaft ist nach § 4 Abs. 1 AktG in der Regel dem Gegenstand des Unternehmens zu entnehmen und muß den Zusatz „Aktiengesellschaft", abgekürzt mit ________ , enthalten.

Diese Art der Firma, die nicht auf eine *Person,* sondern auf eine *Sache* Bezug nimmt, nennen wir daher nicht Personenfirma, sondern

____________________________ .

Diese Unterscheidung führt zu der Einteilung:

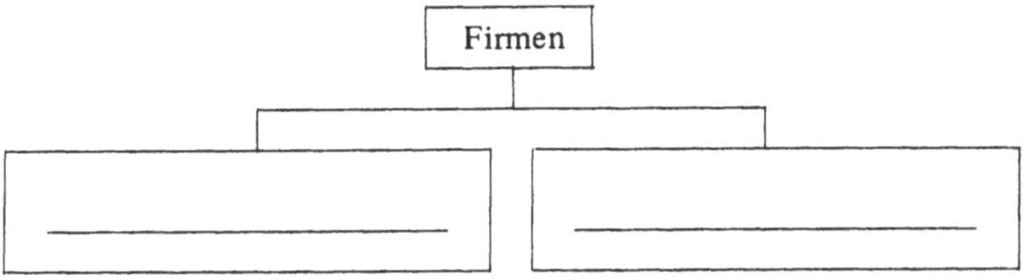

A 2.13 AG
Sachfirma

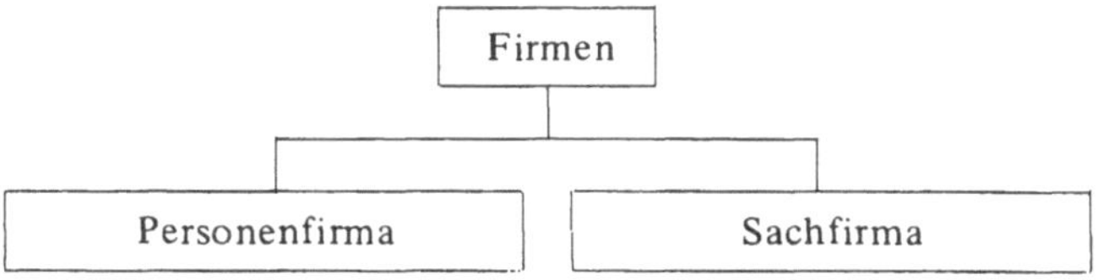

Zusatzbeispiele:

Sachfirma: Bayerische Motorenwerke AG, Vereinigte Österreichische Eisen- und Stahlwerke AG

Personenfirma: Daimler Benz AG, Siemens AG, Fichtel & Sachs AG

Anmerkung: Zulässig ist aber auch eine Verbindung beider Arten, z. B. Friedrich Krupp Hüttenwerke AG

2.14

Die Firma der Kommanditgesellschaft auf Aktien ist nach § 279 Abs. 1 AktG in der Regel nicht als Personenfirma, sondern also als ______________________ zu führen. Sie muß die Bezeichnung Kommanditgesellschaft auf Aktien, abgekürzt __________ enthalten.

Beispiel:

Neckermann Versand ______________________________

A 2.14 Sachfirma
KGaA
KGaA (oder Kommanditgesellschaft auf Aktien)

2.15

Für die Firma einer Gesellschaft mit beschränkter Haftung schreibt § 4 Abs. 1 GmbHG vor, daß sie aus dem Gegenstand des Unternehmens entlehnt sein muß oder den Namen wenigstens eines Gesellschafters enthält.

Danach kann die Firma ____________ -firma oder ____________ -firma sein.

§ 4 Abs. 2 GmbHG verlangt für die Firma der Gesellschaft den Zusatz „mit beschränkter Haftung“, abgekürzt __________ .

A 2.15 Sachfirma / Personenfirma

mbH (Da auch die „Gesellschaft" abgekürzt wird, ist die Abkürzung „GmbH" üblich.)

Zusatzbeispiele:

Sachfirma: Kernkraftwerk GmbH
Personenfirma: Friedrich Krupp GmbH

2.16

Die Firma der Genossenschaft muß nach § 3 GenG stets eine Sachfirma sein.

Sie hat je nach der Art der Genossenschaft den Zusatz zu führen (§§ 2, 3 GenG):

„eingetragene Genossenschaft mit unbeschränkter Haftpflicht",

abgekürzt ________________ ,

oder

„eingetragene Genossenschaft mit beschränkter Haftpflicht",

abgekürzt ________________ .

A 2.16 eGmuH
eGmbH

2.17

Wir wissen jetzt, welche Rechtsvorschriften Einzelkaufleute und Gesellschaften bei der Wahl ihrer Firma zu beachten haben.

Aus diesen Rechtsvorschriften können wir einen wichtigen Grundsatz des Firmenrechts ableiten:

Die Firma muß stets *wahr* sein.

Wir nennen diesen Rechtsgrundsatz des Firmenrechts den Grundsatz der Firmen- ________________ .

Geben Sie bitte den Grund für diese im Wirtschaftsleben bedeutsame Regelung an:

____

____

A 2.17 Firmenwahrheit

Das Wirtschaftsleben würde durch unwahre Angaben gestört werden.

2.18

Für Zusätze zum Firmenkern bestimmt § 18 Abs. 2 S. 1 HGB noch einmal ausdrücklich, daß kein Zusatz beigefügt werden darf, der ein nicht bestehendes Gesellschaftsverhältnis andeutet oder sonst geeignet ist, ____

____

____

Diese Vorschrift enthält also ebenfalls den Grundsatz der

____________________________ .

A 2.18 . . . , eine Täuschung über die Art oder den Umfang des Geschäfts oder die Verhältnisse des Geschäftsinhabers herbeizuführen.

Firmenwahrheit

2.19

Darf Hans Mayer (vgl. LE 2.1) nach diesem firmenrechtlichen Grundsatz der ______________ die Firma führen:

„Hans Mayer, Europäische Kunststoffwerke"?

(Ja/Nein) ______________

Begründung: ______________

____

Ist folgende Firma zulässig:

„Hans Mayer, Vereinigte Kunststoffwerke"?

(Ja/Nein) ______________

Begründung: ______________

____

A 2.19 Firmenwahrheit

Nein: Der Zusatz verletzt den in § 18 Abs. 2 HGB enthaltenen Grundsatz der Firmenwahrheit, weil Hans Mayer nicht mehrere Fabriken in Europa betreibt.

Nein: Diese Firma ist ebenfalls unwahr, denn die Fabrik besteht nicht aus vereinigten Werken. Hans Mayer würde über den Umfang seines Betriebes täuschen.

2.20

Der Handelsverkehr könnte ferner auch bei einer Verwechslungsgefahr der gewählten neuen Firma mit einer schon bestehenden Firma beeinträchtigt werden. Jede neue Firma muß sich daher nach § 30 Abs. 1 HGB von bereits am Ort oder in der Gemeinde bestehenden und im Handelsregister eingetragenen Firmen ______________________.

Hat ein Kaufmann sogar den gleichen Vornamen und Familiennamen wie ein schon eingetragener Kaufmann, muß er nach § 30 Abs. 2 HGB der Firma einen deutlich ______________________ beifügen.

A 2.20 deutlich unterscheiden
unterscheidenden Zusatz

2.21

Jede neue Firma muß sich also von bereits bestehenden Firmen deutlich *unterscheiden*.

Diesen in § 30 HGB enthaltenen Grundsatz des Firmenrechts nennen wir deshalb folgerichtig den Grundsatz der

Firmen- ________________________________ .

A 2.21 Firmenunterscheidbarkeit (gelegentlich auch als Grundsatz der Firmenausschließlichkeit bezeichnet, weil eine bestehende Firma eine inhaltsgleiche neue Firma ausschließt).

2.22

Einen weiteren Grundsatz des Firmenrechts können wir aus §§ 21, 22 HGB entnehmen, die eine Fortführung der Firma durch andere Personen in bestimmten Fällen zulassen.

Die Firma des Kaufmanns erhält durch diese gesetzlichen Möglichkeiten der Fortführung durch andere Personen eine *Beständigkeit,* so daß wir vom Grundsatz der Firmen-______________________________ sprechen können.

A 2.22 Firmenbeständigkeit

2.23

Mit der *Firma* des Kaufmanns verbindet sich nun im Geschäftsverkehr häufig ein *Wert*, der über das in der Bilanz ausgewiesene Betriebsvermögen hinausgeht und so zu einem im Handelsverkehr anerkannten immateriellen Wirtschaftsgut wird.

Diesen Wert der Firma können wir als ______________________________ oder Geschäftswert bezeichnen. Er wird oft auch Goodwill (engl. „Guter Wille" oder „Wohlwollen", also der gute Ruf des Unternehmens) genannt.

A 2.23 Firmenwert

2.24

Der Firmenwert kann aus verschiedenen Gründen entstehen.

Prüfen Sie bitte, ob folgende Umstände für den Geschäftsverkehr einen Wert darstellen und deshalb bei einer Veräußerung des Unternehmens ein Firmenwert neben den materiellen Wirtschaftsgütern der Bilanz im Kaufpreis berücksichtigt werden könnte:

1. Betriebsgrundstück ☐
2. Stammkundschaft ☐
3. Geschäftsbeziehungen zu Lieferanten ☐
4. gute Geschäftslage ☐
5. der gut funktionierende Geschäftsbetrieb ☐

A 2.24 2.–5. [X]

Haben Sie auch Ziff. 1 angekreuzt, so bedenken Sie, daß das Betriebsgrundstück als materielles Wirtschaftsgut in die Bilanz aufgenommen wird. Sein Wert ist also bereits im Betriebsvermögen erfaßt (s. LE 2.22).

Hinweis: Den selbstgeschaffenen Firmenwert nennt man originären Firmenwert, den erworbenen Firmenwert derivativen Firmenwert.

2.25

Dem Gesetzgeber ist bekannt, daß der Firmenwert ein erhebliches Vermögen des Kaufmanns neben den anderen Wirtschaftsgütern des Betriebsvermögens darstellen kann. Im Interesse einer Erhaltung dieses Wirtschaftsguts und des Unternehmens sieht deshalb § 21 HGB vor, daß bei einer Namensänderung z. B. durch Heirat, die __________

____.

A 2.25 . . . bisherige Firma fortgeführt werden kann.

2.26

Aus demselben Grund der wirtschaftlichen Erhaltung des Firmenwerts und des Unternehmens läßt es § 22 Abs. 1 HGB zu, daß der Erwerber eines Unternehmens oder der Erbe mit Zustimmung des Berechtigten das Geschäft unter der bisherigen Firma mit oder ohne Zusatz des Nachfolgeverhältnisses ____________________ darf.

Entscheiden Sie bitte:

Hans Mayer veräußert sein Unternehmen mit der Firma Hans Mayer an den Kaufmann Friedrich Plast.

Wie kann Plast z. B. firmieren?

1. Hans Mayer ☐
2. Hans Mayer & Co. ☐
3. Hans Mayer & Friedrich Plast ☐
4. Hans Mayer, Inhaber Friedrich Plast ☐
5. Hans Mayer, Nachfolger Friedrich Plast ☐

A 2.26 fortführen

1. ☒
4. ☒
5. ☒

2.27

Überlegen Sie bitte:

Rechtfertigt es dieser Schutzgedanke zur Erhaltung des Unternehmens auch, daß der Kaufmann nur seine Firma ohne das Unternehmen veräußern darf?

Ja ☐

Nein ☐

§ 23 HGB ordnet daher an:

a) Die Firma darf ohne das Handelsgeschäft veräußert werden. ☐

b) Die Firma darf nur zusammen mit dem Handelsgeschäft veräußert werden. ☐

A 2.27 Nein [X]
b) [X]

2.28

Da die Firmenfortführung durch den Erwerber die Veräußerung des Unternehmens für die Öffentlichkeit aber nicht ohne weiteres erkennen läßt, werden die Gläubiger des bisherigen Inhabers nach § 25 Abs. 1 HGB geschützt: Der Erwerber hat bei Firmenfortführung für alle im Betrieb des Geschäfts begründeten früheren Verbindlichkeiten des Veräußerers zu ______________________ .

§ 25 Abs. 2 HGB läßt eine abweichende Vereinbarung über diese Haftung des Erwerbers dem Gläubiger gegenüber nur wirksam sein, wenn sie

1. ____

____

oder

2. ____

____

A 2.28 1. im Handelsregister eingetragen und bekannt gemacht oder

2. dem Gläubiger von den Vertragsparteien mitgeteilt worden ist.

2.29

Zu § 25 HGB lösen wir folgenden Fall:

Kaufmann Friedrich Hansen hat seinen Lebensmittelgroßhandel an den Kaufmann Heinrich Müller verkauft. Müller führt das Unternehmen unter der bisherigen Firma Friedrich Hansen ohne Zusatz fort. Ein Haftungsausschluß ist nicht vereinbart worden.

Haftet Müller für noch bestehende Lieferantenverbindlichkeiten und Umsatzsteuerschulden des Hansen?

(Ja/Nein) ______________

Begründung: ____

____

____

A 2.29 Ja: Müller führt das Unternehmen unter der bisherigen Firma fort, und die Haftung ist nicht ausgeschlossen worden.

Hinweis: Diese Haftung gilt nach § 120 Abs. 1 AO ausdrücklich auch für die Steuerschulden.

2.30

Nach § 27 Abs. 1 HGB findet § 25 HGB entsprechende Anwendung, wenn der Erbe das Handelsgeschäft unter der bisherigen Firma fortführt.

In diesem Fall hat also auch der Erbe für die früheren Geschäftsverbindlichkeiten des Erblassers gem. § 25 HGB zu ________________ .

A 2.30 haften

2.31

Kurze Übung:

Welcher Grundsatz des Firmenrechts wird jedoch durch die Fortführung der Firma durch einen Erwerber oder Erben durchbrochen?

____

Diese Durchbrechung ist indessen gerechtfertigt im Interesse der Erhaltung des ________________ und des ________________ .

Benötigen Sie Hilfe, lesen Sie bitte noch einmal LE 2.17, 2.22, 2.25, 2.26.

A 2.31 Der Grundsatz der Firmenwahrheit
. . . Erhaltung des Firmenwerts und des Unternehmens.

2.32

Die vom Kaufmann *ursprünglich* begründete Firma nennen wir
______________________ Firma.

Wird sie von einem anderen fortgeführt, so *leitet* sie sich vom Vorgänger *ab* und heißt deshalb __________________ Firma.

Für beide Ausdrücke sind gleichermaßen Fremdwörter üblich.
Sie lauten __________________, ______________________ .

Diese Unterscheidung kennzeichnen wir wie folgt:

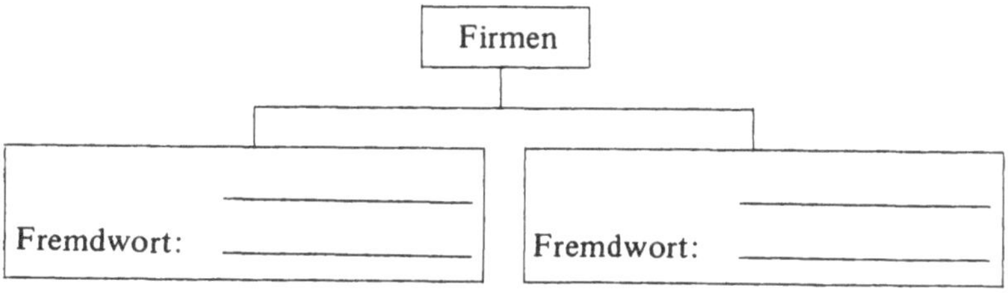

A 2.32 ursprüngliche
abgeleitete
originär / derivativ

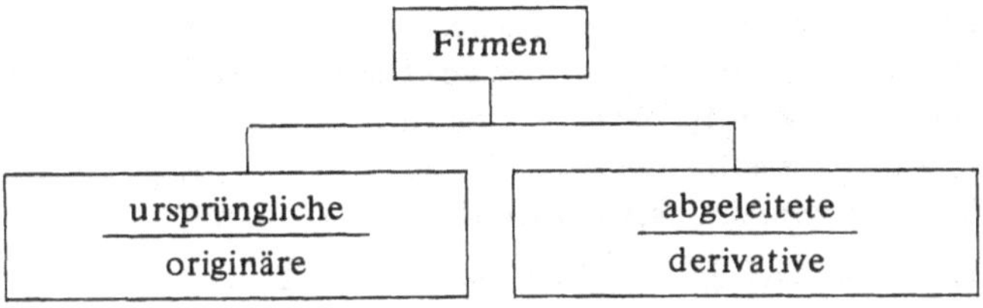

Der Handelsverkehr hat ein Interesse daran, über wichtige Rechtsverhältnisse des Kaufmanns unterrichtet zu werden. Lieferanten, Kunden, Banken usw. möchten z. B. wissen, ob jemand Kaufmann nach dem Handelsrecht ist, wer Inhaber des Handelsgewerbes ist, wie die Firma lautet, wo sich der Sitz des Unternehmens befindet, wie die Unterschrift des Kaufmanns aussieht, wer vertretungsberechtigt ist und wie die Rechtsverhältnisse bei Gesellschaften gestaltet sind.

Daher ist gem. §§ 8 ff. HGB das ______________________________ eingerichtet worden.

A 2.33 Handelsregister

2.34

Jeder Kaufmann ist z. B. nach § 29 HGB verpflichtet, seine ________
zur Eintragung in das ______________________ anzumelden.

Er hat hiernach außerdem seine ________________ zur Aufbewahrung bei dem Gericht zu ____________________, also seine Unterschrift bei Gericht zu leisten.

So können im Handelsverkehr ggf. Unterschriften des Kaufmanns z. B. auf Vertragsurkunden, auf Wechseln und Schecks verglichen werden.

Anmerkung: Genossenschaften werden mit ihrer Firma in das für sie besonders eingerichtete Genossenschaftsregister eingetragen (§§ 6 und 10 GenG).

A 2.34 Firma / Handelsregister
Firma / zeichnen

2.35

Auch unser Kaufmann Hans Mayer (LE 2.1) ist gem. § 29 HGB zu folgenden Handlungen verpflichtet:

1. ______________________________
____

2. ______________________________
____

A 2.35
1. Er muß seine Firma und den Ort seiner Niederlassung zur Eintragung in das Handelsregister anmelden.
2. Er hat seine Firma zur Aufbewahrung bei dem Gericht zu zeichnen.

2.36

Solche Tatsachen, für die eine *Pflicht zur Eintragung* in das Handelsregister besteht, nennen wir ______________________ Tatsachen.

Besteht keine derartige Pflicht, können die Tatsachen aber auf Antrag des Kaufmanns eingetragen werden, haben sie also nur eine *Eintragungsfähigkeit,* so heißen sie „nur ______________“ Tatsachen.

Eintragungspflichtige Tatsachen sind notwendigerweise immer

a) eintragungsfähig. ☐

b) nicht eintragungsfähig. ☐

Die Eintragung der Firma des Hans Mayer ist nach § 29 HGB eine (eintragungspflichtige/nur eintragungsfähige) ____________________

____________________________ Tatsache.

A 2.36 eintragungspflichtige

eintragungsfähige

a) [X]

eintragungspflichtige

2.37

Das Handelsregister, das nach § 8 HGB von den Amtsgerichten geführt wird, besteht aus zwei Abteilungen:

Abteilung A

Abteilung B

In Abteilung A werden eingetragen die Einzelkaufleute sowie die OHG und die KG.

Hans Mayer ist daher mit seiner Firma in die ________________ ___ des Handelsregisters einzutragen.

A 2.37 Abteilung (oder Abt.) A

2.38

In Abteilung B des Handelsregisters werden eingetragen die AG, die KGaA, die GmbH und Versicherungsvereine auf Gegenseitigkeit.

Beispiele:

Die Volkswagenwerk AG ist in Abteilung ______ eingetragen.

Die Austria Tabakwerke GmbH ist in Abteilung ______ eingetragen.

(Drehen Sie jetzt bitte das Buch; die Programmfortsetzung finden Sie dann auf Seite 112.)

A 2.38 Abteilung B
Abteilung B

2.39

Die Eintragung der Firma, der Niederlassung und weiterer nach dem Handelsrecht eintragungsfähiger Tatsachen in das Handelsregister dient dem Zweck, diese Tatsachen jedermann kundzutun.

Nach § 9 Abs. 1 HGB hat daher auch jedermann das Recht, das Handelsregister ____________________ . Das Handelsregister ist also öffentlich. So haben z. B. das Recht auf Einsicht:

1. Lieferanten und Kunden ☐
2. Finanzämter ☐
3. Banken ☐
4. Nachbarn des Kaufmanns ☐
5. Konkurrenten ☐
6. Mögliche Erben des Kaufmanns schon vor seinem Ableben ☐
7. Erben des Kaufmanns nach seinem Ableben ☐

A 2.39 einzusehen

1.–7. ☒

Anregung: Lassen Sie sich einmal die Handelsregistereintragung eines Ihnen bekannten Kaufmanns (Einzelkaufmann oder Handelsgesellschaft) vom hiesigen Amtsgericht zeigen.

Die Einsicht ist kostenlos (§ 90 KostO)!

2.40

Diesem Zweckgedanken des öffentlichen Handelsregisters folgt § 10 Abs. 1 HGB und bestimmt, daß die Eintragungen in das Handelsregister auch noch durch den Bundesanzeiger und mindestens ein anderes Blatt ______________________________ sind.

A 2.40 bekanntzumachen

Anregung: Sehen Sie sich bitte einmal solche Bekanntmachungen des Gerichts im Bekanntmachungsteil Ihrer örtlichen Zeitung an.

III. Erfolgskontrolle 2.41

Zur Erfolgskontrolle vgl. auch die Erläuterungen zur Erfolgskontrolle der 1. Lektion (LE 1.56).

A. DIE FIRMA DES KAUFMANNS

1. Jeder (Vollkaufmann/Minderkaufmann) ____________________
   ist verpflichtet, eine Firma zu führen.

2. Firma ist nach § _____ HGB der ____________________
   a) des Unternehmens. ☐
   b) des Vollkaufmanns. ☐
   c) des Minderkaufmanns. ☐
   (LE 2.1–2.4)

3. Der Einzelkaufmann Bernhard Mercator möchte für seinen Elektrogroßhandel als Firma ein Pseudonym führen mit dem Zusatz Elektrogroßhandel.
   Ist diese Firma zulässig? ____________________
   ____
   ____
   (LE 2.5–2.8)

4. Die Kaufleute A und B gründen für eine Teppichfabrik eine OHG.
   Ihre Firma kann z. B. lauten:
   a) A & B ☐
   b) A ☐
   c) A, B & Co. ☐
   d) A OHG ☐
   (LE 2.9, 2.10, 2.12)

noch 2.41

5. Soll eine KG gegründet werden mit A als persönlich haftendem Gesellschafter und B als Kommanditisten, so können sie z. B. firmieren:

   a) A & Co. ☐

   b) B & Co. ☐

   c) A KG ☐

   (LE 2.11, 2.12)

6. Die Firma einer AG ist in der Regel nicht als ____________-firma, sondern als ____________ zu führen.

   Bei der GmbH sind (beide/nicht beide) ____________ Arten zulässig.

   (LE 2.13, 2.14)

7. Die verschiedenen Arten der Firma können wir nach ihren Unterscheidungsmerkmalen einteilen:

   a) nach dem Merkmal, ob sie einfach oder zusammengesetzt ist

   ____________ und ____________

   b) nach dem Rechtsträger

   ____________ und ____________

   c) nach dem Inhalt

   ____________ und ____________

   d) nach dem Merkmal, ob die Firma den gegenwärtigen oder den früheren Inhaber angibt

   ____________ und ____________

   oder (____________) und (____________)

   (LE 2.7, 2.8, 2.13, 2.32)

noch 2.41

8. Für die Firma gelten die wichtigen Rechtsgrundsätze der

   a) Firmen- ________________ b) Firmen- ________________

   c) Firmen- ________________

   (LE 2.17, 2.21, 2.22)

9. Der Firmenwert (ist ein/ist kein) ________________ Wirtschaftsgut.

   Er kann z. B. umfassen:

   a) gute Geschäftslage ☐

   b) Forderungen an Kunden ☐

   c) Stammkundschaft ☐

10. Neben dem Ausdruck Firmenwert oder Geschäftswert finden wir auch die Bezeichnung:

   a) good firm ☐

   b) good form ☐

   c) good will ☐

   (LE 2.23, 2.24)

B. DAS HANDELSREGISTER

1. Ein Einzelkaufmann (Vollkaufmann), eine OHG, eine KG und eine AG sind in ein öffentliches Register, nämlich das ________________ einzutragen, und zwar wie folgt:

   a) der Einzelkaufmann in ________________ ________

   b) die OHG in ________________ ________

   c) die KG in ________________ ________

   d) die AG in ________________ ________

   (LE 2.34, 2.37, 2.38)

noch 2.41

2. Die Firma ist nach § 29 HGB
   a) eintragungspflichtig. ☐
   b) nur eintragungsfähig. ☐

3. Die Prokura ist nach § 53 HGB
   a) eintragungspflichtig. ☐
   b) nur eintragungsfähig. ☐

4. Die Vereinbarung über einen Ausschluß der Haftung des Erwerbers ist nach § 25 Abs. 2 HGB
   a) eintragungspflichtig. ☐
   b) nur eintragungsfähig. ☐
   (LE 2.36)

5. Das Recht zur Einsicht in das Handelsregister
   a) haben nur Vollkaufleute. ☐
   b) haben nur Behörden und Personen mit berechtigtem Interesse. ☐
   c) hat jedermann. ☐
   (LE 2.39)

6. Alle Eintragungen in das Handelsregister werden vom zuständigen Amtsgericht veröffentlicht. Die Eintragungen werden im Bundesanzeiger und mindestens in einem anderen Blatt ______________________________________.
   (LE 2.40)

A 2.41

1. Vollkaufmann

2. § 17 HGB / Handelsname / b) ☒

3. Nein; Mercator hat nach § 18 Abs. 1 HGB seinen Familiennamen mit mindestens einem ausgeschriebenen Vornamen zu führen. Der Zusatz ist nach § 18 Abs. 2 HGB zulässig.

4. a) ☒
   d) ☒

5. a) ☒
   c) ☒

6. Personenfirma / Sachfirma
   beide

7. a) einfache – zusammengesetzte Firma
   b) Einzelfirma – Gesellschaftsfirma
   c) Personenfirma – Sachfirma
   d) ursprüngliche – abgeleitete Firma
      (originäre) (derivative)

8. a) Firmenwahrheit
   b) Firmenunterscheidbarkeit (oder -ausschließlichkeit)
   c) Firmenbeständigkeit

9. ist ein
   a) ☒
   c) ☒

10. c) ☒

noch A 2.41

B. 1. Handelsregister

a) Abt. A

b) Abt. A

c) Abt. A

d) Abt. B

2. a) [X]

3. a) [X]

4. b) [X]

5. c) [X]

6. bekanntgemacht

3. und 4. Lektion

HILFSPERSONEN DES KAUFMANNS

I. Lernziel, Bearbeitungszeit, Hilfsmittel

Die Kaufleute – Einzelkaufleute und Handelsgesellschaften wie OHG, KG, GmbH, AG usw. – können größere Unternehmen nicht allein, sondern nur mit Mitarbeitern betreiben. Für einige dieser Hilfspersonen enthält das Handelsrecht als Sonderrecht der Kaufleute wiederum besondere Bestimmungen, die wegen der rechtlichen Bedürfnisse des wirtschaftlichen Verkehrs das allgemeine Recht des bürgerlichen Rechts ergänzen und abändern.

Wenn Sie diese Lektionen durchgearbeitet haben, kennen Sie die wichtigsten handelsrechtlichen Vorschriften über die unselbständigen und selbständigen kaufmännischen Hilfspersonen des Kaufmanns und können beurteilen, ob jemand Hilfsperson nach dem Handelsrecht ist, zu welcher Art er gehört und welche grundlegenden Rechte und Pflichten er hat.

Die Bearbeitungszeit beträgt für jede Lektion etwa 1–1½ Stunden.

Als Hilfsmittel benötigen Sie das HGB und das BGB.

3. Lektion

UNSELBSTÄNDIGE HILFSPERSONEN

I. Einführung 3.1

Der Kaufmann schließt mit seinen Mitarbeitern im Unternehmen Dienstverträge ab. In diesen Arbeitsverträgen verpflichten sich die Arbeitnehmer als Angestellte oder Arbeiter gegen Gehalt oder Lohn zu Diensten für den Kaufmann, die sich nach der Art des Handelsgewerbes richten: Dienste in Fertigungsbetrieben, Handelsbetrieben usw. Es wird stets ein Arbeitsverhältnis begründet.

Prüfen Sie bitte:

Der uns bekannte Kaufmann Hans Mayer (LE 2.1) hat mit Arbeitern und Angestellten die Produktion von Autozubehör aufgenommen.

Diese Arbeitnehmer sind für den Kaufmann Hans Mayer

(selbständig/unselbständig) ______________________ tätig.

Das Handelsrecht behandelt als unselbständige kaufmännische Hilfspersonen des Kaufmanns für den kaufmännischen Bereich:

1. den Handlungsgehilfen nach § ________ HGB
2. den Prokuristen nach § ________ HGB
3. den Handlungsbevollmächtigten nach § ________ HGB

Prokuristen und Handlungsbevollmächtigte sind im Wirtschaftsleben als sog. „leitende Angestellte“ tätig.

A 3.1 unselbständig

§ 59 HGB
§ 48 HGB
§ 54 HGB

II. A. DER HANDLUNGSGEHILFE **3.2**

In § 59 ff. HGB erläutert das Gesetz den Begriff sowie die Rechte und Pflichten einer bestimmten unselbständigen Hilfsperson:

des sog. ______________________________

Anmerkung: Die §§ 76–82 HGB über den Handlungslehrling sind durch das Berufsausbildungsgesetz vom 14. 8. 1969 (BGBl I, 1112) aufgehoben worden.

A 3.2 Handlungsgehilfen

3.3

Handlungsgehilfe ist nach der Legaldefinition des § 59 HGB ein Angestellter, der ______________________________

____

Der Kaufmann seinerseits trägt als Arbeitgeber nach dem Gesetz (vgl. z.B. § 60 HGB) die Bezeichnung: ____________________

Anmerkung: Handlungsgehilfen werden nach allgemeinem Sprachgebrauch heute als kaufmännische Angestellte bezeichnet. Der Ausdruck „Prinzipal" ist nach kaufmännischem Sprachgebrauch ebenfalls nicht mehr üblich.

A 3.3 . . . in einem Handelsgewerbe zur Leistung kaufmännischer Dienste angestellt ist.

Prinzipal

3.4

Kaufmännische Dienste sind nur solche Tätigkeiten, die kaufmännische Kenntnisse, Erfahrungen, Übung erfordern, wie z. B. Kauf und Verkauf von Waren, Buchführung.

Wer in dem Handelsgewerbe also technische Dienste zu leisten hat – der sog. Gewerbegehilfe und der technische Angestellte – oder sonstige Dienste erbringen muß – wie der angestellte Jurist, Wirtschaftsprüfer, Steuerfachmann, Betriebsarzt – ist deshalb

(ebenfalls/kein) ______________________ Handlungsgehilfe.

Für diese Hilfspersonen gilt das Handelsrecht gem. § 83 HGB

(ebenfalls/nicht) ______________________.

A 3.4 kein
nicht

3.5

Danach sind folgende in einem Handelsgewerbe als Arbeitnehmer tätigen Personen Handlungsgehilfen:

1. Ingenieure ☐
2. Einkäufer ☐
3. Buchhalter ☐
4. Boten ☐
5. Fabrikarbeiter ☐
6. Leiter der Steuerabteilung ☐
7. Verkäufer ☐
8. Stenotypistin ☐

A 3.5 2. [x] 7. [x]
3. [x] 8. [x]

3.6

Die Rechte und Pflichten des Handlungsgehilfen regeln sich nach dem BGB und den Sonderbestimmungen der §§ 59 ff. HGB.

Beispiele:

1. § 59 HGB: der Anspruch auf ______________ und
   die Pflicht zur Leistung von ______________
2. § 60 HGB: das ______________-verbot
3. § 62 HGB: die ______________ des Prinzipals
4. § 73 HGB: der Anspruch auf ein ______________.

Anmerkung: Neben den §§ 59 ff. HGB gelten für den Kaufmann und den Handlungsgehilfen im Einzelfall häufig ergänzende und abändernde vertragliche Vereinbarungen, Betriebsvereinbarungen und das Tarifrecht, das zwischen Arbeitgeberverbänden und Gewerkschaften geregelt wird.

A 3.6

1. der Anspruch auf Vergütung (oder Gehalt) und die Pflicht zur Leistung von Diensten
2. das Wettbewerbsverbot
3. die Fürsorgepflicht des Prinzipals
4. der Anspruch auf ein Zeugnis

3.7

Volontäre sind nach der Legaldefinition des § 82a HGB:

1. Lehrlinge ☐
2. mit kaufmännischen Diensten beschäftigt ☐
3. mit technischen Dienst beschäftigt ☐
4. zum Zwecke der Ausbildung beschäftigt ☐
5. unentgeltlich tätig ☐

Sie sind (ebenfalls/keine) ______________________ Handlungsgehilfen.

Die Wettbewerbsverbote für Handlungsgehilfen, die nicht auf das Entgelt Bezug nehmen, sind auf sie (anzuwenden/nicht anzuwenden)

____.

A 3.7 2. [X]

4. [X]

5. [X] *Hinweis:* In der Praxis erhalten Volontäre oft eine vertraglich vereinbarte Zuwendung

keine anzuwenden

Der Kaufmann benötigt aber nicht nur Mitarbeiter, die als Arbeitnehmer für ihn kaufmännische, technische oder sonstige Dienste durch tatsächliche Verrichtungen erbringen.

Er muß auch Personen einsetzen, die für ihn im rechtlichen Verkehr auftreten und z.B. Kaufverträge mit Lieferanten und Kunden, Darlehnsverträge mit Banken, Arbeitsverträge, Mietverträge und andere Rechtsgeschäfte als seine Vertreter abschließen.

Die allgemeinen rechtlichen Voraussetzungen und die Wirkungen jeder Vertretung brauchte das HGB als Sonderrecht nicht besonders zu regeln.

Hierfür gelten die neben dem Sonderrecht des HGB bestehenden allgemeinen Bestimmungen des ________________ .

A 3.8 BGB

3.9

Sie dürfen nun gern weitergehen nach LE 3.10.

Wenn Sie aber möchten:

Hier eine kleine *Übung zur Rechtsanwendung.*

Welche Rechtsvorschriften des BGB regeln allgemein die Vertretung?

§§ ____________ ff. BGB.

Benötigen Sie Hilfe?

Wie in früheren Fällen können Sie auch hier das Sachverzeichnis (Stichwortverzeichnis) Ihrer Gesetzesausgabe zu Rate ziehen.

A 3.9 §§ 164 ff. BGB

3.10

Betrachten wir zur Vertretung folgenden *Ausgangsfall:*

Der Einzelkaufmann Mälzer ist Inhaber einer Brauerei. Er bittet seinen Buchhalter Hopf, für ihn bei der VEBA-GLAS AG 10000 Bierflaschen zu kaufen. Hopf kauft für Mälzer jedoch 15 000 Bierflaschen, weil er den Bedarf der Brauerei für größer hält. Mälzer verweigert die Zahlung des Kaufpreises für die Mehrbestellung.

Der Kaufvertrag über 15 000 Bierflaschen ist nach § 164 Abs. 1 BGB – der grundlegenden Rechtsvorschrift für alle Fälle der Vertretung – wirksam zustandegekommen, wenn Hopf

1. innerhalb der ihm zustehenden ____________________

   und

2. im ____________________ gehandelt hat.

A 3.10 1. . . . Vertretungsmacht . . .
2. . . . Namen des Vertretenen (oder des Mälzer) . . .

3.11

Eine Vertretungsmacht kann einer Person entweder durch das Gesetz selbst eingeräumt werden, wie z. B. den gesetzlichen Vertretern Eltern, Vormund, Vorstand einer AG, oder durch Rechtsgeschäft erteilt werden.

Für die durch Rechtsgeschäft erteilte Vertretungsmacht verwendet der Gesetzgeber nach § 166 Abs. 2 BGB einen besonderen Fachausdruck.

Diese Vertretungsmacht heißt ______________________________ .

Nach § 167 BGB wird sie erteilt durch:

1. Erklärung (einseitiges Rechtsgeschäft) ☐
2. Antrag und Annahme (Vertrag) ☐
3. einseitiges Rechtsgeschäft und durch Vertrag ☐

Die beteiligten Personen bei dieser Art Vertretungsmacht nennt man folgerichtig ____________________ und ____________________

Benötigen Sie für die letzte Aufgabe Hilfe?

Auch hier hilft Ihnen das Gesetz: Der Gesetzgeber verwendet in den §§ 167 ff. BGB beide Bezeichnungen.

A 3.11 Vollmacht

1. [X]

Vollmachtgeber/Bevollmächtigter

3.12

Lesen Sie bitte noch einmal § 167 BGB.

Der Umfang der durch Rechtsgeschäft erteilten Vertretungsmacht, also der sog. ____________________, wird nach dieser Vorschrift bestimmt

1. durch die jeweilige Erklärung des Vollmachtgebers. ☐
2. durch einen gesetzlich festgelegten Umfang der Vollmacht. ☐

A 3.12 Vollmacht
1. [X]

3.13

Sie kennen jetzt die beiden Voraussetzungen jeder wirksamen Vertretung – der gesetzlichen wie der sog. gewillkürten Vertretung.

Beide Voraussetzungen sollten Sie für die vielen Fälle der Vertretung kennen und auch nennen können. Es müssen also gegeben sein:

1. ______________________________
2. ______________________________ *

Entscheiden Sie bitte, ob zwischen Mälzer und der Glasfabrik (LE 3.10) ein Kaufvertrag über 15 000 Bierflaschen zustandegekommen ist.

(Ja/Nein) ______________

Begründung: ______________________________
____
____
____

* Haben Sie Zweifel, prüfen Sie noch einmal das Gesetz.

A 3.13

1. Vertretungsmacht
2. Handeln im fremden Namen (im Namen des Vertretenen)

Haben Sie falsch geantwortet, lesen Sie bitte noch einmal § 164 BGB und LE 3.10

Nein: Ein Kaufvertrag über 15 000 Flaschen ist nicht zustandegekommen, weil Hopf nicht gem. § 164 Abs. 1 S. 1 BGB innerhalb der ihm erteilten Vollmacht zum Kauf von 10 000 Flaschen gehandelt hat.

3.14

Wir haben gesehen, daß der Umfang der einzelnen Vollmacht jeweils nur durch die Erklärung des Vollmachtgebers bestimmt wird. Tritt daher ein Bevollmächtigter im Rechtsverkehr auf, so ist für den Geschäftspartner der Umfang der Vollmacht

1. sogleich erkennbar. ☐
2. solange ungewiß, bis er ggf. durch Rückfrage beim Vollmachtgeber den Umfang der Vollmacht nachgeprüft hat. ☐

A 3.14 2. [X]

3.15

Die Bedürfnisse des Handelsverkehrs verlangen indessen schon wegen der Vielzahl der im Wirtschaftsleben eingesetzten Bevollmächtigten im Interesse der Rechtssicherheit Gewißheit der Geschäftspartner über den jeweiligen Umfang der Vollmacht.

Das HGB hat deshalb zur Erleichterung des Geschäftsverkehrs für die Kaufleute neben der allgemeinen Vollmacht des BGB *besondere Arten der Vollmacht mit gesetzlich festgelegtem Umfang* eingerichtet.

Die besonderen Unterarten der Vollmacht sind nach den §§ 48 ff. HGB

1. die ________________________ (§§ ______ ff. HGB)
2. die ________________________ (§§ ______ ff. HGB)

A 3.15 1. die Prokura (§§ 48 ff. HGB)

2. die Handlungsvollmacht (§§ 54 ff. HGB)

Anmerkung: Prokura (lat.-italienisch: Handlungsvollmacht) und Handlungsvollmacht werden in der Rechtsliteratur auch als Handlungsvollmacht im weiteren Sinne bezeichnet.

3.16

Die *Prokura* ermächtigt nach § 49 Abs. 1 HGB ______________________

____

____

____ .

Grundstücke darf der Prokurist aber nach § 49 Abs. 2 HGB nur veräußern und belasten, wenn ihm diese Befugnis ______________________

______________________________________ .

Nach § 50 Abs. 1 HGB ist eine Beschränkung des Umfangs der Prokura Dritten gegenüber stets ______________________________ .

A 3.16 . . . zu allen Arten von gerichtlichen und außergerichtlichen Geschäften und Rechtshandlungen, die der Betrieb eines Handelsgewerbes mit sich bringt.

. . . besonders erteilt ist.

. . . unwirksam.

3.17

Die Prokura ist somit eine besonders weitgehende und nicht einschränkbare Generalvollmacht. Dies kennzeichnet auch die gelegentlich anzutreffende Bezeichnung des Prokuristen als *„alter ego“* (das zweite Ich) des Kaufmanns. Wegen ihrer besonderen Bedeutung kann die Prokura nach § 48 Abs. 1 HGB erteilt werden:

1. nur von dem Inhaber des Handelsgeschäfts persönlich oder von seinem gesetzlichen Vertreter ☐
2. auch von einem Bevollmächtigten des Kaufmanns z. B. und einem anderen Prokuristen ☐

und

3. nur mittels ausdrücklicher Erklärung ☐
4. auch durch stillschweigende Erklärung ☐

Die Eintragung der Prokura in das Handelsregister nach § 53 HGB ist (konstitutiv/deklaratorisch) ______________________ .

A 3.17 1. [X]

2. [X]

deklaratorisch (Haben Sie falsch entschieden, lesen Sie noch einmal §§ 48 Abs. 1, 53 Abs. 1 HGB und LE 1.43.)

Wiederholungsfrage: Kann die Prokura auch von einem Minderkaufmann erteilt werden? Prüfen Sie das Gesetz!

Antwort vgl. A 3.18.

3.18

Wir nehmen an, daß Mälzer dem Hopf (LE 3.10) nicht Vollmacht nach dem BGB, sondern Prokura erteilt und ihn gebeten hat, 10 000 Flaschen zu kaufen.

Ist der Kaufvertrag über 15 000 Flaschen zwischen Mälzer und der Glasfabrik zustandegekommen?

(Ja/Nein) ______________

Begründung: ______________________________

____

____

____

A 3.18 Ja: Die Prokura erstreckt sich nach § 49 Abs. 1 HGB auf diesen Kaufvertrag. Der Betrieb der Brauerei bringt den Kauf von Bierflaschen mit sich. Eine Einschränkung der Prokura ist nach § 50 Abs. 1 HGB unwirksam.

Zur Wiederholungsfrage (A 3.17) s. ggf. § 4 HGB und LE 1.46, 1.47.

3.19

Hat Prokurist Hopf auch wirksam gehandelt, wenn der Kauf kein gewöhnliches (regelmäßig wiederkehrendes) Geschäft war und er weit über den Bedarf hinaus sogar 100 000 Flaschen bestellt hat?

(Ja/Nein) ____________

Begründung: ____

____

____

Benötigen Sie Hilfe?

Vergleichen Sie bitte den Gesetzestext in § 49 Abs. 1 HGB mit § 54 Abs. 1 HGB. Dieser Vergleich erleichtert Ihnen die Auslegung des § 49 Abs. 1 HGB.

A 3.19 Ja: Die Prokura ermächtigt nach § 49 Abs. 1 HGB auch zu außergewöhnlichen Geschäften des Handelsgewerbes.

3.20

Prüfen Sie nun bitte folgende Abwandlung des Falles:

Prokurist Hopf stellt in Abwesenheit des Mälzer sogar die Brauerei in einen Großhandel mit Wein und Spirituosen um.

Hat Hopf für Mälzer wirksame Rechtsgeschäfte (Verkauf des Brauereiinventars, Kauf neuer Waren, Entlassung und Anstellung von Arbeitnehmern usw.) abgeschlossen?

(Ja/Nein) ______________

Begründung: ____

____

____

____

A 3.20 Ja: Nach § 49 Abs. 1 HGB ermächtigt die Prokura zu Rechtsgeschäften *eines* Handelsgewerbes. Der Großhandel ist aber *ein* Handelsgewerbe nach § 1 Abs. 2 Nr. 1 HGB.

Haben Sie falsch entschieden, lesen Sie bitte die anderslautende Vorschrift des § 54 Abs. 1 HGB über die Handlungsvollmacht (. . . eines *derartigen* Handelsgewerbes).

Anregung: Verbessern Sie deshalb bitte § 49 Abs. 1 HGB in Ihrer Gesetzesausgabe in „*irgendeines*" Handelsgewerbes.

3.21

Entscheiden Sie bitte noch zu § 49 HGB:

Darf Hopf als Prokurist die Brauerei auch stillegen?

(Ja/Nein) ____________

Begründung: ____

____

____

____

A 3.21 Nein: § 49 Abs. 1 HGB erstreckt die Prokura auf den *Betrieb* eines Handelsgewerbes. Die Stillegung gehört aber nicht mehr zum *Betrieb* eines Handelsgewerbes.

3.22

Sie werden nun verstehen, weshalb der Kaufmann in der Praxis nur bewährten und ihm vertrauenswürdig erscheinenden Personen diese sehr weitgehende Vollmacht „Prokura" erteilen wird.

Wir wollen nun noch klären:

Prüfen Sie bitte § 167 Abs. 1 BGB und § 48 Abs. 1 HGB.

Der Kaufmann kann z. B. folgenden Mitarbeitern die Prokura erteilen:

1. Handlungsgehilfen ☐
2. technischen Angestellten ☐
3. einem ohne Arbeitsvertrag tätigen Familienangehörigen ☐
4. Leiter der Rechtsabteilung ☐

Die Prokura kann also (nur/nicht nur) ________________ Handlungsgehilfen erteilt werden.

A 3.22 1.–4. ☒

nicht nur

3.23

Den Umfang der Prokura kann der Kaufmann – wie wir wissen – nicht beschränken. Er kann nach § 48 Abs. 2 HGB aber die *Ausübung* der Prokura durch den Prokuristen einschränken. Das geschieht dadurch, daß er die Prokura an mehrere Personen *gemeinschaftlich* erteilt.

Der Gesetzgeber nennt diese Prokura

1. Einzelprokura. ☐
2. Gesamtprokura. ☐

Dieser Prokurist heißt deshalb folgerichtig:

____

A 3.23 2. [X]

Gesamtprokurist

3.24

Das bedeutet:

Der Gesamtprokurist kann für den Kaufmann nur dann wirksam Rechtsgeschäfte abschließen und Rechtshandlungen vornehmen, wenn er – je nach Erteilung und Anzahl – mit einem, mehreren oder allen anderen Gesamtprokuristen gemeinsam handelt.

Beispiel: Hätte Mälzer dem Hopf in unserem Ausgangsfall (LE 3.10) Gesamtprokura mit einem anderen Angestellten erteilt, so wäre durch die Bestellung des Hopf der Kaufvertrag über 15 000 Flaschen

(nicht zustandegekommen/zustandegekommen) ____________________

____________________________________ .

A 3.24 nicht zustandegekommen.

3.25

Bei Handelsgesellschaften kann die Prokura außerdem – und ebenfalls nur in der Ausübung – dadurch beschränkt werden, daß der Prokurist nur gemeinsam mit einem Gesellschafter oder einem Vorstandsmitglied handeln kann (§§ 125 Abs. 3 HGB, 78 Abs. 3 AktG).

Eine Beschränkung der Ausübung enthält § 50 Abs. 3 HGB für eine Filiale (Niederlassung) mit eigener Firma. Die Prokura für eine *Filiale* nennt man deshalb ________________________________ .

A 3.25 Filialprokura

3.26

Für die Unterschrift des Prokuristen gilt § 51 HGB.

Der Prokurist hat in der Weise zu zeichnen, daß er

___

___

Der Zusatz erfolgt üblicherweise mit der Abkürzung „ppa“ (lat.: per prokura).

Nehmen wir einmal an:

Sie sind Einzelprokurist bei der Deutschen Bank AG und können daher für die Deutsche Bank AG z. B. beim Abschluß eines schriftlichen Angestelltenvertrages zeichnen:

___

___

A 3.26 . . . der Firma seinen Namen mit einem die Prokura andeutenden Zusatz beifügt.

Deutsche Bank AG ppa | Ihr Name |

oder

ppa | Ihr Name | Deutsche Bank AG

Hinweis: In der Praxis wird für die Firma regelmäßig ein Stempel verwendet.

3.27

Die Prokura erlischt nach § 52 HGB durch:

1. Erklärung des Prokuristen ☐
2. Widerruf des Kaufmanns ☐
3. Übertragung ☐
4. Tod des Kaufmanns ☐
5. Tod des Prokuristen ☐

Weitere Erlöschensgründe sind Einstellung des Geschäftsbetriebs und Konkurs des Kaufmanns.

Sie erlischt nach der allgemeinen Vorschrift des § 168 S. 1 BGB (nicht/auch) ____________________ mit Beendigung des zugrunde liegenden Rechtsverhältnisses z. B. des Arbeitsvertrages.

A 3.27 2. [X]

5. [X]

auch

3.28

Entscheiden Sie bitte abschließend noch zum Umfang der Prokura in einer kleinen Erfolgskontrolle:

Als Einzelprokurist des Einzelkaufmanns Ludwig Spetzle, Lebensmittelgroßhandlung, können Sie ihn wirksam z. B. in folgenden Angelegenheiten vertreten:

1. Einkauf und Verkauf von Waren ☐
2. Ausstellung von Wechseln, die zur Überschuldung führen ☐
3. Erledigung von Steuerangelegenheiten bei Steuern, die im Betrieb begründet sind, wie Umsatzsteuer, Gewerbesteuer, Lohnsteuer ☐
4. Einkommensteuerangelegenheiten ☐
5. Bestellung eines anderen Prokuristen ☐

A 3.28 1.–3. [X]

Der Kaufmann kann statt Vollmacht nach dem BGB oder Prokura aber auch *Handlungsvollmacht* erteilen.

Nach der Legaldefinition des § ______ Abs. 1 HGB kann sie erteilt werden:

1. zum Betrieb eines Handelsgewerbes ☐

   oder

2. zur Vornahme einer bestimmten Art von Geschäften des Handelsgewerbes ☐

   oder

3. zur Vornahme einzelner Geschäfte des Handelsgewerbes ☐

Die Handlungsvollmacht erstreckt sich dabei nur auf solche Geschäfte und Rechtshandlungen, die

1. der Betrieb eines ____________________ Handelsgewerbes

   oder

2. die Vornahme ________________________ Geschäfte

   ________________________ mit sich bringt.

A 3.29 § 54 Abs. 1 HGB

1.–3. ☒

. . . derartigen Handelsgewerbes
. . . derartiger Geschäfte
. . . gewöhnlich

3.30

Nach § 54 Abs. 2 HGB darf der Handlungsbevollmächtigte aber folgende Handlungen nur vornehmen, wenn er dazu besonders ermächtigt ist:

1. Veräußerung oder Belastung von ______________________
2. Eingehung von ______________________
3. Aufnahme von ______________________
4. ______________________

Sonstige Beschränkungen sind zwar nach § 54 Abs. 3 HGB zulässig, der Dritte braucht sie aber nur gegen sich gelten zu lassen, wenn er sie ______________________ .

A 3.30 1. . . . Grundstücken
2. . . . Wechselverbindlichkeiten
3. . . . Darlehen
4. . . . Prozeßführung
. . . kannte oder kennen mußte.

3.31

Prüfen Sie bitte die §§ 48 ff. HGB und vergleichen Sie § 54 HGB mit der Prokura.

Die Handlungsvollmacht kann erteilt werden:

1. von einem Vollkaufmann ☐
2. von einem Minderkaufmann ☐
3. auch von einem Bevollmächtigten des Kaufmanns, z. B. Prokuristen oder anderen Handlungsbevollmächtigten ☐

und

4. nur mittels ausdrücklicher Erklärung ☐
5. auch durch stillschweigende Erklärung ☐

Sie ist in bezug auf das Handelsregister (eintragungspflichtig/nur eintragungsfähig/nicht eintragungsfähig) ______________________________

______________________________ . *

* Zur Unterscheidung dieser Merkmale vgl. Sie ggf. LE 2.36.

A 3.31 1. ☒ 3. ☒

2. ☒ 5. ☒

nicht eintragungsfähig

(Haben Sie hier falsch geantwortet, so bedenken Sie, daß anders als § 53 HGB für die Prokura die §§ 54 ff. HGB die Eintragung der Handlungsvollmacht nicht vorsehen.)

3.32

Der Handlungsbevollmächtigte unterzeichnet die Firma mit einem Zusatz über die Handlungsvollmacht, der aber eine Prokura nicht andeuten darf (§ 57 HGB). Üblich sind die Zusätze:

i. V. (= in Vertretung oder in Vollmacht)
in Vollmacht
per (= durch)

Nehmen wir einmal an:

Sie sind Handlungsvevollmächtigter der Farbenfabriken Bayer AG. Einen schriftlichen Kaufvertrag mit einem Kunden können Sie

unterzeichnen: ______________________________

____

A 3.32 Farbenfabriken Bayer AG

i. V. (oder in Vollmacht oder per) | Ihr Name |

3.33

Eine Besonderheit gilt nach § 56 HGB für

____

Sie gelten stets als ermächtigt zu ____________________

und ____________________ , die in einem derartigen Laden oder Warenlager gewöhnlich geschehen.

Beispiel: Wenn wir in einem Radiogeschäft von einer Ladenangestellten ein Transistorradio kaufen, ist der Kaufvertrag mit dem vertretenen Kaufmann wirksam zustandegekommen:

1. nur, wenn Vollmacht erteilt worden war ☐
2. auch, wenn keine Vollmacht erteilt worden war ☐

A 3.33 ... Angestellte in Läden oder offenen Warenlagern.
... Verkäufen/Empfangnahmen
2. [X]

3.34

Für das Erlöschen der Handlungsvollmacht enthält das HGB keine Sonderbestimmungen. Es gelten daher die allgemeinen Vorschriften des ____________ über das Erlöschen der Vollmacht.

A 3.34 BGB

Anmerkung: Nach § 168 BGB erlischt die Vollmacht nach Maßgabe des zugrunde liegenden Rechtsverhältnisses und durch Widerruf. Sie erlischt auch durch Tod des Bevollmächtigten, Eintritt seiner Geschäftsunfähigkeit, Einstellung des Geschäftsbetriebes und Konkurs des Kaufmanns.

Zur Erfolgskontrolle vgl. auch die Erläuterungen zur Erfolgskontrolle der 1. Lektion (LE 1.56).

Fassen Sie bitte zusammen und vervollständigen Sie die Übersicht:

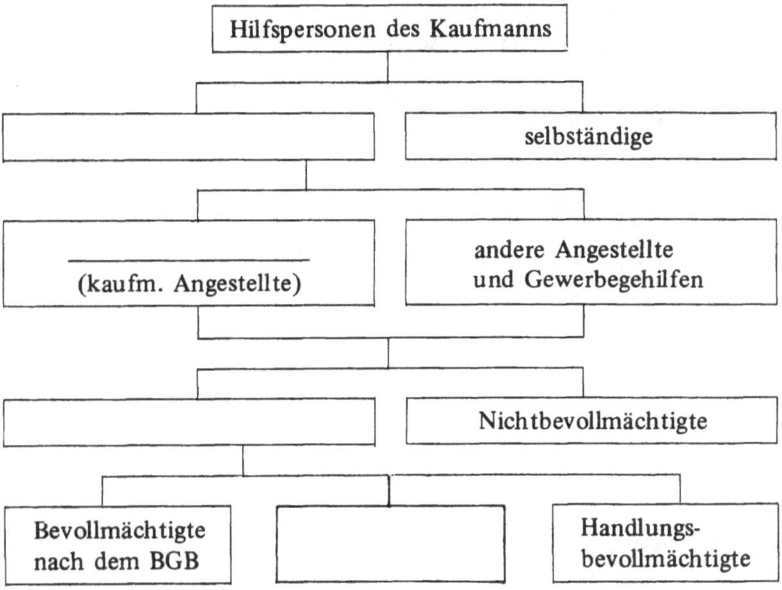

noch 3.35

A. DER HANDLUNGSGEHILFE

1. Der Handlungsgehilfe ist nach § ________ HGB
   a) eine unselbständige Hilfsperson nur des Vollkaufmanns. ☐
   b) eine unselbständige Hilfsperson der Voll- und Minderkaufleute. ☐
   c) ein kaufmännischer Angestellter. ☐
   d) ein Gewerbegehilfe. ☐

2. Folgende Mitarbeiter der Siemens AG sind Handlungsgehilfen:
   a) Leiter der Verkaufsabteilung ☐
   b) Leiter der Steuerabteilung ☐
   c) Werksmeister. ☐
   d) Entwicklungsingenieur ☐
   e) angestellter Prokurist ☐
   f) Sekretärin ☐
   g) Volontär ☐

3. Die Rechte und Pflichten des Handlungsgehilfen bestimmen sich
   a) ausschließlich nach dem BGB. ☐
   b) ausschließlich nach dem HGB. ☐
   c) nach dem BGB, HGB und etwaigen vertraglichen Vereinbarungen, Betriebsvereinbarungen und dem Tarifrecht. ☐

   (LE 3.1–3.7)

noch 3.35

B. DER PROKURIST

1. Der Kaufmann kann sich bei Rechtsgeschäften und Rechtshandlungen durch Mitarbeiter vertreten lassen. Diese handeln wirksam für ihn, wenn folgende Voraussetzungen des § __________ BGB gegeben sind:

   ____

   ____

   (LE 3.8–3.10)

2. Die Firma Bürobedarf GmbH & Co KG möchte nach ihrer Gründung dem Angestellten Petersen den Wareneinkauf und die Erledigung aller steuerlichen Angelegenheiten der KG übertragen.

   Die Vollmacht hierzu ist zu erteilen

   a) durch Vertrag. ☐

   b) durch einseitiges Rechtsgeschäft. ☐

   (LE 3.11)

3. Dieselbe KG plant, auch anderen Angestellten Vollmacht nach dem BGB zu erteilen.

   Sie kann Vollmacht erteilen

   a) in dem von ihr bestimmten Umfang. ☐

   b) als Einzelvollmacht für einzelne Rechtsgeschäfte und Rechtshandlungen. ☐

   c) als Generalvollmacht für einen bestimmten Kreis von Rechtsgeschäften und Rechtshandlungen. ☐

   d) als Generalvollmacht für alle Rechtsgeschäfte und Rechtshandlungen. ☐

noch 3.35

4. Im Handelsverkehr müssen ständig durch Bevollmächtigte Rechtsgeschäfte aller Art abgeschlossen und Rechtshandlungen vorgenommen werden. Die Bedürfnisse des Handelsrechts verlangen Sonderregelungen. Gegenüber der BGB-Regelung zum Umfang der Vollmacht hat insbesondere die Prokura folgenden Vorteil für den Rechtsverkehr:

   ____

   ____

   ____

   (LE 3.15)

5. Die ALLIANZ Versicherungs-AG will zwei Mitarbeitern Prokura erteilen. Hierfür muß sie beachten:

   a) Die Prokura wird wie die BGB-Vollmacht durch einseitiges Rechtsgeschäft erteilt. ☐
   b) Die Erteilung geschieht durch Vertrag. ☐
   c) Die Prokura ist vom Vorstand der AG als gesetzlichem Vertreter der AG zu erteilen. ☐
   d) Die Prokura kann auch von einem Prokuristen erteilt werden. ☐
   e) Die Prokura muß schriftlich oder mündlich ausdrücklich erteilt werden. ☐
   f) Die Prokura kann auch stillschweigend erteilt werden. ☐
   g) Die Eintragung der Prokura in das Handelsregister ist deklaratorisch. ☐

6. Ein Einzelprokurist der Möbelgroßhandlung Peter Petersen kann folgende Rechtsgeschäfte wirksam abschließen:

   a) Kauf und Verkauf von Möbeln ☐
   b) Ausstellung von Wechseln ☐

noch 3.35

c) Veräußerung des Warenlagers und des Inventars zum Zwecke der Umstellung auf einen Lebensmittelabholgroßmarkt ☐

d) Stillegung des Betriebes ☐

e) Kauf eines Grundstücks ☐

7. Die Prokura erstreckt sich stets auch auf Rechtshandlungen

a) in steuerlichen Angelegenheiten des Betriebes wie Umsatzsteuer, Gewerbesteuer und Lohnsteuer der Arbeitnehmer. ☐

b) in bezug auf die Einkommensteuer und Vermögensteuer des Kaufmanns. ☐

(LE 3.16–3.22)

8. Sind mehrere zu Gesamtprokuristen bestellt, so ist

a) der Umfang der Prokura beschränkt. ☐

b) die Ausübung der Prokura beschränkt. ☐

(LE 3.23–3.25)

9. Sie sind Einzelprokurist der Firma Daimler-Benz AG und müßten z. B. wie folgt zeichnen:

____

____

(LE 3.26)

10. Nennen Sie mindestens zwei Erlöschensgründe der Prokura:

____

____

(LE 3.27)

noch 3.35

C. DER HANDLUNGSBEVOLLMÄCHTIGTE

1. Die Handlungsvollmacht
   a) kann nur durch Vollkaufleute erteilt werden. ☐
   b) kann auch durch Minderkaufleute erteilt werden. ☐
   c) kann auch stillschweigend erteilt werden. ☐
   d) ist in das Handelsregister einzutragen. ☐
   e) ist eintragungsfähig. ☐

2. Die Firma Nixdorf Computer AG hat Sie zum Handlungsbevollmächtigten für deren Handelsgewerbe bestellt. Sie können folgende Rechtsgeschäfte abschließen und Rechtshandlungen vornehmen:
   a) Verkauf von Computern ☐
   b) Erweiterung des Unternehmens um einen Buchverlag ☐
   c) Eingehen von Wechselverbindlichkeiten ☐
   d) Abgabe der Umsatzsteuererklärung ☐

3. Einen schriftlichen Kaufvertrag können Sie z. B. wie folgt unterzeichnen:

   a) Nixdorf Computer AG
      In Vertretung [Ihr Name] ☐

   b) I. V. [Ihr Name]
      Nixdorf Computer AG ☐

   c) Nixdorf Computer AG
      ppa [Ihr Name] ☐

noch 3.35

d) Nixdorf Computer AG

per | Ihr Name | ☐

4. Das Erlöschen der Handlungsvollmacht ist im HGB nicht geregelt. Es gelten deshalb die Vorschriften des ______________________ .
(LE 3.29–3.35)

A 3.35

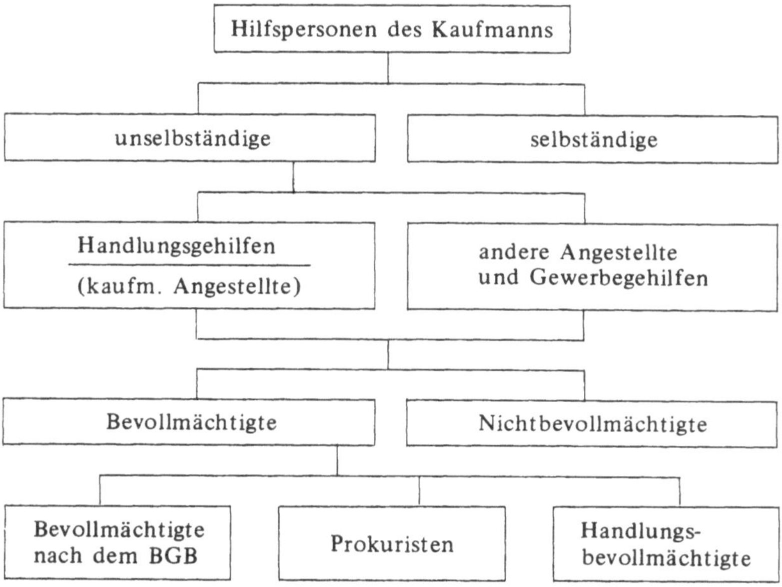

A. 1. § 59 HGB
   b) ☒
   c) ☒

   2. a) ☒
   e) ☒
   f) ☒

   3. c) ☒

B. 1. § 164 BGB / Vertretungsmacht (oder Vollmacht) / Handeln im Namen des Vertretenen (oder Vollmachtgebers)

   2. b) ☒

   3. a)–d) ☒

noch A 3.35

4. Der Umfang der Vollmacht nach dem BGB wird in jedem Einzelfall stets durch den Vollmachtgeber bestimmt. Diese Rechtsunsicherheit für den Rechtsverkehr besteht bei der Prokura wegen ihres gesetzlich festgelegten Umfanges nicht.

5. a) ☒
   c) ☒
   e) ☒
   g) ☒

6. a) ☒
   b) ☒
   c) ☒
   e) ☒

7. a) ☒

8. b) ☒

9. Z. B. Daimler-Benz AG

   ppa | Ihr Name |

10. Widerruf des Kaufmanns / Tod des Prokuristen / Eintritt seiner Geschäftsunfähigkeit / Beendigung des zugrunde liegenden Rechtsverhältnisses / Einstellung des Geschäftsbetriebes / Konkurs des Kaufmanns

C. 1. b) ☒
   c) ☒

2. a) ☒
   d) ☒

3. a) ☒
   b) ☒
   d) ☒

4. BGB

SELBSTÄNDIGE HILFSPERSONEN

I. Einführung

Neben den unselbständigen Hilfspersonen (3. Lektion) sind für den Einzelkaufmann und die Handelsgesellschaften auch selbständige Personen tätig: andere Kaufleute, mit denen Geschäftsbeziehungen bestehen, Steuerberater, Rechtsanwälte usw. So führt etwa eine Bank als Einzelkaufmann oder Handelsgesellschaft für andere Kaufleute Bankgeschäfte aus, gewährt ihnen z. B. Kredit und berät sie.

Das Handelsrecht behandelt als besondere selbständige kaufmännische Hilfspersonen des Kaufmanns:

1. nach § 84 ff. HGB den ____________________
2. nach § 93 ff. HGB den ____________________

A 4.1

1. Handelsvertreter
2. Handelsmakler oder Handelsmäkler

   Der Ausdruck Handelsmäkler ist jedoch nicht mehr gebräuchlich

II. A. DER HANDELSVERTRETER **4.2**

Untersuchen wir folgenden *Ausgangsfall:*

Die Sweety-Süßwaren GmbH & Co KG möchte nach Gründung der Gesellschaft ihre Produkte an den Lebensmittelgroßhandel veräußern. Ihrem Angestellten Lindau, der bisher ausschließlich in der Einkaufsabteilung tätig war, überträgt sie die zusätzliche Aufgabe, mit einem PKW der KG an mehreren von der KG bestimmten Tagen im Monat die jeweils von ihr ausgewählten Großhändler aufzusuchen, für Sweety-Süßwaren zu werben und Bestellungen entgegenzunehmen.

Prüfen Sie bitte:

Ist Lindau Handelsvertreter?

Wer Handelsvertreter ist, bestimmt sich nach der Legaldefinition des

§ __________ Abs. __________ HGB.

A 4.2 § 84 Abs. 1 HGB

Hinweis: Der frühere gesetzliche Ausdruck „Handlungsagent" wird nicht mehr verwendet.

4.3

Der Handelsvertreter ist nach dieser Legaldefinition des § 84 Abs. 1 HGB

a) unselbständig tätig ☐

b) selbständiger Gewerbetreibender ☐

und

c) ständig damit betraut, für einen anderen Unternehmer Geschäfte zu vermitteln oder abzuschließen. ☐

d) gelegentlich mit diesen Aufgaben betraut. ☐

Die Vertragsparteien des Handelsvertretervertrages nennt der Gesetzgeber in § 84 Abs. 1 HGB

1. ______________________ und 2. ______________________.

A 4.3 b) [X] c) [X]

1. Handelsvertreter
2. Unternehmer

Hinweis: Im Sinne des Umsatzsteuerrechts ist auch der Handelsvertreter stets Unternehmer.

4.4

Das Erfordernis der Selbständigkeit jedes Handelsvertreters brauchte der Gesetzgeber in § 84 HGB an sich nicht mehr besonders hervorzuheben; es erscheint selbstverständlich.

Vielleicht erinnern Sie sich an diese in der 1. Lektion behandelte Frage?

Nennen Sie bitte die Begründung für diese Feststellung:

____

____

Benötigen Sie Hilfe? Hier bietet sich auch eine gute Gelegenheit zur Wiederholung:

Der Handelsvertreter ist nämlich Kaufmann nach § ______ HGB, weil er ein Handelsgewerbe nach § ______ Abs. ______ Nr. ______ HGB betreibt. Merkmal jedes Handelsgewerbes ist es begrifflich aber stets, daß es (selbständig/unselbständig) ____________________ ausgeübt wird.

A 4.4 Der Handelsvertreter ist Kaufmann nach § 1 Abs. 1 HGB i.V.m. § 1 Abs. 2 Nr. 7 HGB.

§ 1 HGB, § 1 Abs. 2 Nr. 7 HGB

selbständig

4.5

Dieses Merkmal der Selbständigkeit gewinnt für die kaufmännische Praxis – und deshalb hat der Gesetzgeber es noch einmal herausgehoben – besondere Bedeutung; denn die Tätigkeit des Handelsvertreters und zwar für den Unternehmer

1. Geschäfte zu ______________________

oder

2. Geschäfte im Namen des Unternehmers ____________,

wird nämlich im Geschäftsleben häufig auch von Angestellten des Kaufmanns ausgeübt.

§ 84 Abs. 2 HGB hebt deshalb ausdrücklich hervor, daß diese unselbständigen Personen

a) ebenfalls Handelsvertreter sind. ☐

b) nur Angestellte sind. ☐

A 4.5 vermitteln/abzuschließen

b) [X]

4.6

Diese kaufmännischen Angestellten sind uns bereits aus der 3. Lektion bekannt. Sie führen für den Kaufmann unselbständig kaufmännische Dienste aus und sind deshalb gem. § 59 HGB

______________________________ .

Haben Sie die übliche Bezeichnung für diese Angestellten schon einmal kennengelernt?

Man nennt diese Art von Angestellten, die eine Tätigkeit wie die Handelsvertreter ausüben, ______________________________ .

Benötigen Sie bei der letzten Frage Hilfe?

Der Gesetzgeber verwendet diese Bezeichnung nicht; sie leitet sich aus dem Aufsuchen der Kunden durch „Reisen" ab.

A 4.6 Handlungsgehilfe
Handlungsreisende (oder Reisende)

4.7

Zur Abgrenzung zwischen selbständigem Handelsvertreter und unselbständigem Reisenden, die gelegentlich im Einzelfall recht schwierig sein kann und nach dem Gesamtbild der einzelnen Umstände zu entscheiden ist, hat der Gesetzgeber aber einen hilfreichen Hinweis gegeben:

Selbständig ist gem. § 84 Abs. 1 S. 2 HGB,

wer ____

____

Hinweis: Rechtserheblich ist also die persönliche Selbständigkeit. Die wirtschaftliche Abhängigkeit des Handelsvertreters vom Unternehmer ist nicht maßgebend.

A 4.7 ... wer im wesentlichen frei seine Tätigkeit gestalten und seine Arbeitszeit bestimmen kann.

4.8

Folgende Umstände weisen z.B. auf Selbständigkeit bzw. Unselbständigkeit hin:

	A Selbständigkeit	B Unselbständigkeit
1. Unternehmerrisiko des Vertreters	☐	☐
2. Anmeldung eines Gewerbes	☐	☐
3. Abführung von Lohnsteuer u. Sozialversicherungsbeiträgen für den Vertreter	☐	☐
4. Zahlung von Umsatz- u. Gewerbesteuer	☐	☐
5. Anspruch auf bezahlten Urlaub	☐	☐
6. Führung von Korrespondenz u. Geschäftsbüchern unter eigenem Namen	☐	☐
7. Anspruch auf Unterstützung im Krankheitsfall	☐	☐

A 4.8

	A	B
1.	x	
2.	x	
3.		x
4.	x	
5.		x
6.	x	
7.		x

4.9

Sie können nun in unserem Ausgangsfall (LE 4.2) entscheiden:
Ist Lindau Handelsvertreter?

(Ja/Nein) ____________

Begründung: ______________________________________

____

____

____

A 4.9 Nein: Lindau ist Angestellter. Er ist nicht selbständig; denn die KG bestimmt auch hinsichtlich seiner Tätigkeit im Außendienst Arbeitszeit und Arbeitsort.

4.10

Für den Handelsvertreter verlangt § 84 Abs. 1 HGB neben der Selbständigkeit ferner, daß er nach dem Handelsvertretervertrag

____________________ damit betraut ist, für einen anderen Unternehmer Geschäfte zu vermitteln oder abzuschließen.

Soll der Gewerbetreibende nicht ständig Geschäfte vermitteln oder abschließen, tritt er vielmehr nur von Fall zu Fall in ein Vertragsverhältnis zum Unternehmer, ist er daher (kein/ebenfalls)

____________________ Handelsvertreter.

A 4.10 ständig

kein

4.11

Gehen wir einmal in Abwandlung unseres Ausgangsfalls davon aus:

Der für die Sweety-Süßwaren GmbH & Co KG tätige Lindau (LE 4.2) ist nicht Angestellter, sondern selbständiger Gewerbetreibender. Er schließt nun weitere Handelsvertreterverträge mit einer Kaffeefabrik und einer Likörfabrik ab, um bei Kundenbesuchen ein breiteres Warensortiment anbieten zu können.

Ist es rechtlich zulässig, daß Lindau für mehrere Unternehmer als Handelsvertreter tätig ist?

(Ja/Nein) ____________

Begründung: ____

____

____

____

A 4.11 Ja: Nach § 84 Abs. 1 HGB ist nicht nur der sog. Einfirmenvertreter zulässig. Das gesetzliche Merkmal „ständig“ bedeutet nicht, daß der Vertreter ausschließlich für den Unternehmer tätig sein muß. Das Merkmal „*ein* anderer Unternehmer“ soll keine zahlenmäßige Beschränkung sein.

Anmerkung: Für den Unternehmer wie die Kunden ergeben sich in der Praxis häufig wirtschaftliche Vorteile, wenn der Handelsvertreter einander ergänzende Kollektionen anbieten kann.

4.12

Unternehmer kann daher sein:

1. ein Einzelkaufmann ☐
2. eine Handelsgesellschaft ☐
3. ein Vollkaufmann ☐
4. ein Minderkaufmann ☐
5. ein Bauunternehmer, dessen Gewerbe nicht nach § 2 HGB in das Handelsregister eingetragen worden ist und der deshalb kein Kaufmann ist ☐
6. ein anderer Handelsvertreter ☐
7. ein Landwirt ☐

A 4.12 1.–6. ☒

Hinweis: S. zu Ziff. 6 auch die Klarstellung in § 84 Abs. 3 HGB.

4.13

Nach § 84 Abs. 1 HGB sind zwei verschiedene Arten von Handelsvertretern zu unterscheiden. Der Handelsvertreter wird je nach der Art seiner Tätigkeit, nämlich

1. Geschäfte zu ______________________________

oder

2. Geschäfte im Namen des Unternehmers ______________

folgerichtig bezeichnet als

1. ______________ -vertreter oder 2. ______________-vertreter.

A 4.13 vermitteln / abzuschließen
Vermittlungsvertreter / Abschlußvertreter

4.14

Der Vermittlungsvertreter vermittelt für den Unternehmer mit den Kunden Geschäfte, wie insbesondere Kaufverträge.

Der Abschlußvertreter schließt solche Rechtgeschäfte aber selbst im Namen des Unternehmers ab. Der Abschlußvertreter benötigt daher nach dem Recht der Vertretung gem. § 164 BGB hierfür Vollmacht. Ist dem Abschlußvertreter die Handlungsvollmacht nach dem HGB erteilt, so ist er also sog. ____________________*

* Verwenden Sie bitte den zutreffenden Fachausdruck des HGB, ggf. prüfen Sie noch einmal die 3. Lektion.

A 4.14 Handlungsbevollmächtigter

4.15

Die Handlungsvollmacht des Handelsvertreters richtet sich gem. § 55 Abs. 1 HGB nach § ________ HGB – eine Vorschrift, die uns bereits aus der 3. Lektion über den Handlungsbevollmächtigten bekannt ist.

A 4.15 § 54 HGB

4.16

Besonderheiten für den Umfang der Handlungsvollmacht des Handelsvertreters enthält § 55 Abs. 2–4 HGB.

Nach § 55 Abs. 2 und 3 HGB ist ein Abschlußvertreter ohne weitergehende Vollmacht nicht bevollmächtigt, abgeschlossene Verträge zu ______________, insbesondere Zahlungsfristen zu ________ oder ______________ anzunehmen.

Nach § 55 Abs. 4 HGB gilt ein Abschlußvertreter aber als ermächtigt, die Anzeige von ______________ einer Ware, die Erklärung, daß eine Ware zur ______________ gestellt werde, sowie ähnliche Erklärungen, durch die ein Dritter seine Rechte aus mangelhafter Leistung geltend macht oder sie vorbehält, ______________ .

A 4.16 ändern / gewähren / Zahlungen
Mängeln / Verfügung / entgegenzunehmen

4.17

Der Gesetzgeber hat diese Vorschrift des § 55 HGB gem. § 91 Abs. 1 HGB auch für anwendbar erklärt, wenn der Unternehmer nicht

______________________________ ist.

Für den Vermittlungsvertreter gilt gem. § 91 Abs. 2 HGB die für Abschlußvertreter in § 55 Abs. 4 HGB vorgesehene Ermächtigung

(ebenfalls/nicht) ______________________________________ .

A 4.17 Kaufmann
ebenfalls

4.18

Schließt ein lediglich als Vermittlungsvertreter tätiger Handelsvertreter gleichwohl ein Geschäft für den Unternehmer ab und ist dem Dritten der Mangel der Vertretungsmacht nicht bekannt, so gilt gem. § 91a Abs. 1 HGB das Geschäft aber als genehmigt, wenn der Unternehmer das Geschäft nach Benachrichtigung durch den Handelsvertreter dem Dritten gegenüber nicht ______________________________.

A 4.18 unverzüglich ablehnt

4.19

Wir kennen nun den Rechtsbegriff des Handelsvertreters und wissen, wer Handelsvertreter ist.

Prüfen Sie bitte die §§ 84 ff. HGB:

Für den Abschluß des Handelsvertretervertrages ist im Gesetz eine besondere Form (vorgeschrieben/nicht vorgeschrieben)

____________________________________ .

Der Vertrag kann daher wirksam z. B. geschlossen werden:

1. mündlich ☐
2. schriftlich ☐

Nach § 85 HGB hat jeder Vertragspartner aber einen unabdingbaren Anspruch darauf, daß alle Vereinbarungen in einer vom anderen Teil

______________________________ aufgenommen werden.

A 4.19 nicht vorgeschrieben

1. [x]

2. [x] (Auch Ziff. 2 trifft zu, weil die Vertragsparteien bei Formfreiheit gerade jede Vertragsform wählen können.)

unterzeichneten Urkunde

4.20

Wenden wir uns nun den *Pflichten und Rechten* zu, die beide Vertragsparteien des Handelsvertretervertrages haben, nämlich den Pflichten und Rechten des

1. ______________________

und

2. ______________________

A 4.20 1. Handelsvertreters

und

2. Unternehmers

4.21

Der Handelsvertretervertrag ist ein Dienstvertrag, der gem. §§ 611 ff., 675 BGB die Besorgung von Geschäften zum Gegenstand hat.

Der Handelsvertreter hat sich gem. § 86 Abs. 1 HGB um die

______________________ oder den ______________________

von Geschäften zu ______________________ .

Er ist kein zum Ausgleich der Interessen des Unternehmers und des Dritten berufener Unparteiischer, sondern hat nach § 86 Abs. 1 HGB hierbei das ______________________ des Unternehmers

______________________ .

Bei Vertragsverhandlungen mit Dritten ist er daher

1. verpflichtet, ☐

2. nicht verpflichtet, ☐

möglichst günstige Vertragsbedingungen für den Unternehmer auszuhandeln.

A 4.21 Vermittlung / Abschluß / bemühen
das Interesse / wahrzunehmen
1. [X]

4.22

Nach § 86 Abs. 2 HGB hat der Handelsvertreter dem Unternehmer die
____________________ zu geben,
namentlich ihm von jeder ____________________
und von jedem ____________________
unverzüglich ____________________ zu machen.

Er hat nach § 86 Abs. 3 HGB seine Pflichten mit der __________
eines ____________________ Kaufmanns wahrzunehmen.

A 4.22 erforderlichen Nachrichten / Geschäftsvermittlung / Geschäftsabschluß / Mitteilung

Sorgfalt / ordentlichen

4.23

Der Unternehmer seinerseits hat als Hauptpflicht gem. § 87 Abs. 1 HGB, dem Handelsvertreter für alle während des Vertragsverhältnisses abgeschlossenen Geschäfte, die auf seine Tätigkeit zurückzuführen sind oder mit Dritten abgeschlossen werden, ein Entgelt zu zahlen.

Das Entgelt des Handelsvertreters heißt: ______________________

Der Handelsvertreter hat diesen Anspruch gem. § 87 Abs. 2 HGB sogar auch für solche Geschäfte, die ohne seine Mitwirkung zustandegekommen sind, wenn ihm ein bestimmter ____________________

oder ein bestimmter ____________________

zugewiesen worden ist.

Den in der Praxis häufigen Handelsvertreter mit einem bestimmten Bezirk nennt man ______________________________________ .

A 4.23 Provision

Bezirk / Kundenkreis

Bezirksvertreter

Hinweis: Es handelt sich bei § 87 Abs. 2 HGB um die sog. indirekten Geschäfte und Nachbestellungen.

4.24

Der Provisionsanspruch entsteht nach § 87 a Abs. 1 HGB:

1. Sobald der Unternehmer das Geschäft ausführt. ☐
2. Bei hiervon abweichender Vereinbarung besteht ein Anspruch auf angemessenen Vorschuß. ☐
3. Auch bei Ausführung des Geschäfts durch den Dritten (oder Kunden). ☐

A 4.24 1.–3. [X]

4.25

Hat der Unternehmer das Geschäft ausgeführt, so entfällt der Anspruch gem. § 87a Abs. 2 HGB wiederum – der Anspruch ist nämlich auflösend bedingt –, wenn feststeht, daß der Dritte ____________ leistet.

Steht fest, daß der Unternehmer das Geschäft nicht ausführt, etwa weil er sich weigert, so besteht gem. § 87a Abs. 3 S. 1 HGB (gleichwohl ein/kein) ____________________ Anspruch auf Provision.

Nach § 87a Abs. 3 S. 2 HGB entfällt der Anspruch aber, wenn nicht vertretbare Unmöglichkeit zur Ausführung durch den Unternehmer vorliegt oder die Ausführung dem Unternehmer nicht ______________ ist.*

* *Beispiel* für Unzumutbarkeit der Ausführung des Geschäfts durch den Unternehmer: Der Kunde wird zahlungsunfähig. Es kann nämlich dem Unternehmer nicht zugemutet werden, an den zahlungsunfähigen Kunden z. B. Waren zu liefern und dadurch die Gefahr eines Verlustes einzugehen.

A 4.25 nicht
gleichwohl ein
zuzumuten

4.26

Einen weiteren Provisionsanspruch hat der Handelsvertreter gem. § 87 Abs. 4 HGB für die von ihm ______________________________

______________________________.

Diese Provision für das Einkassieren heißt: ______________.

Eine besondere Provision erhält der Handelsvertreter ferner gem. § 86b Abs. 1 HGB, wenn er sich gegenüber dem Unternehmer verpflichtet hat, für die Erfüllung der Verbindlichkeit durch den Kunden

______________________.

Der Gesetzgeber nennt diese Provision: ______________.

A 4.26 auftragsgemäß eingezogenen Beträge
Inkassoprovision
einzustehen
Delkredereprovision

4.27

Die Höhe der Provision als Prozentsatz ist im allgemeinen von den Vertragsparteien durch den Handelsvertretervertrag festgelegt. Ist die Höhe der Provision nicht bestimmt, so ist gem. § 87b Abs. 1 HGB der

______________________________ als vereinbart anzusehen.

Berechnungsgrundlage ist nach § 87b Abs. 2 HGB das Entgelt des Dritten oder des Unternehmers. Nachlässe bei Barzahlung und Nebenkosten für Fracht, Verpackung, Zoll, Steuern usw. (sind/sind nicht)

______________________________ abzusetzen.

Nebenkosten, die besonders in Rechnung gestellt sind, (sind/sind nicht)

______________________________ abzuziehen. Dabei gilt die lediglich auf Grund des Umsatzsteuergesetzes gesondert ausgewiesene Umsatzsteuer nicht als besonders in Rechnung gestellt. Die Umsatzsteuer ist (also/also nicht) ______________________ abzuziehen.

A 4.27 übliche Satz
sind nicht
sind
also nicht

Anmerkung: In der kaufmännischen Praxis wird häufig neben einer Provision ein sog. Fixum als feststehende Vergütung für den Handelsvertreter vereinbart.

4.28

Als Nebenpflichten des Unternehmers gegenüber dem Handelsvertreter hebt § 86a Abs. 1 u. 2 HGB hervor:

1. die zur Ausübung der Tätigkeit des Handelsvertreters erforderlichen ______________________________ , wie Muster, Zeichnungen, Preislisten, Werbedrucksachen zur ______________________________ zu stellen;

2. die erforderlichen ______________________________ zu geben, insbesondere unverzüglich die Annahme oder Ablehnung eines vermittelten oder ohne Vertretungsmacht abgeschlossenen Geschäfts ______________________________ ; ebenso ihn zu unterrichten, wenn er Geschäfte anders als erwartet voraussichtlich nur in erheblich ______________________________ abschließen kann oder will.

A 4.28 Unterlagen / Verfügung
Nachrichten / mitzuteilen / geringerem Umfang

4.29

Das Vertragsverhältnis zwischen Unternehmer und Handelsvertreter endigt bei bestimmter festgelegter Zeit mit Ablauf dieser Zeit. Bei unbestimmter Zeit endigt es dagegen gem. § 89 HGB durch

______________________________ .

Die Kündigungsfrist beträgt in den ersten drei Jahren der Vertragsdauer ________________ mindestens aber ______________ .

Danach beträgt die Frist mindestens ____________________ .

Jeder Vertragspartner kann aber gem. § 89a HGB stets fristlos kündigen, wenn ein sog. ____________________ gegeben ist. Dieses Recht (kann/kann nicht) ____________________ durch Vereinbarung der Beteiligten ausgeschlossen oder beschränkt werden.

A 4.29 Kündigung
sechs Wochen / einen Monat
drei Monate
wichtiger Grund
kann nicht

4.30

Wird das Vertragsverhältnis beendet, steht dem Handelsvertreter ggf. gem. § 89b HGB ein Anspruch auf angemessenen ______________ zu.

Dieser Anspruch, man nennt ihn ______________________________ , setzt voraus:

1. Der Handelsvertreter hat neue Kunden ______________________ oder die Geschäftsverbindung wesentlich erweitert und der Unternehmer hat deshalb auch weiterhin erhebliche

   ____ .

2. Der Handelsvertreter verliert Ansprüche auf ________________ , die ihm sonst zugestanden hätten.
3. Die Zahlung muß der ________________________ entsprechen.

Der Ausgleich beträgt höchstens eine nach dem Durchschnitt der letzten fünf Jahre berechnete ____________________________ oder sonstige

____ .

A 4.30 Ausgleich
Ausgleichsanspruch
geworben / Vorteile
Provision
Billigkeit
Jahresprovision / Jahresvergütung

4.31

Nach § 89b Abs. 3 HGB besteht dieser sog. ____________________ nicht, wenn der Handelsvertreter gekündigt hat und hierzu der Unternehmer (Anlaß/keinen Anlaß) ____________________ gegeben hat. Der Anspruch besteht ebenfalls nicht, wenn der Unternehmer gekündigt hat und für die Kündigung ein ____________________ wegen ____________________ des Handelsvertreters vorlag.

A 4.31 Ausgleichsanspruch / keinen Anlaß
wichtiger Grund / schuldhaften Verhaltens

4.32

Entscheiden Sie nun bitte in einer kleinen Erfolgskontrolle:

Die Tiefbau-GmbH verpflichtet sich vertraglich gegenüber einer Baumaschinenfabrik, den Verkauf eines der Baumaschinenfabrik gehörenden, gebrauchten Baukranes zu vermitteln.

Ist die GmbH Handelsvertreterin?

(Ja/Nein) ____________

Begründung: ____

____

____

____

A 4.32 Nein: Die GmbH ist keine Handelsvertreterin gem. § 84 HGB, weil sie nicht ständig damit betraut ist, für die Baumaschinenfabrik Geschäfte zu vermitteln oder abzuschließen.

4.33

II. B. DER HANDELSMAKLER

Neben den Handelsvertreter tritt als weitere Hilfsperson des Kaufmanns der Handelsmakler gem. § ________ HGB.

Wie der Handelsvertreter betreibt er ein Handelsgewerbe gem. § ________ Abs. ________ Nr. ________ HGB und ist deshalb Kaufmann gem. § ________ HGB.

A 4.33 § 93 HGB
§ 1 Abs. 2 Nr. 7 HGB/§ 1 HGB

4.34

Nach der Legaldefinition des § 93 HGB ist Handelsmakler:

1. wer gewerbsmäßig für andere Personen Verträge ____________
   ohne durch Vertragsverhältnis ________________________
   damit betraut zu sein,

und

2. Verträge vermittelt über

a) Waren	☐	e) Bodmerei*	☐
b) Wertpapiere	☐	f) Grundstücke	☐
c) Versicherungen	☐	g) Schiffsmiete	☐
d) Güterbeförderungen	☐		

oder sonstige Gegenstände des Handelsverkehrs.

* Bodmerei = ein Darlehnsgeschäft im Seehandel mit verpfändeten (verbodmeten) Gegenständen, Schiff, Fracht oder Ladung (§ 679 HGB).

A 4.34 vermittelt / ständig
a)–e) [X], g) [X]

4.35

Vergleichen Sie bitte und nennen Sie den Unterschied zwischen Handelsmakler und Handelsvertreter:

____

____

____

A 4.35 Der Handelsvertreter ist gem. § 84 HGB auf Grund des Handelsvertretervertrages im Gegensatz zum Handelsmakler ständig für den Unternehmer tätig.

4.36

Nach der Art der vermittelten Geschäfte lassen sich nach § 93 HGB folgende Handelsmakler unterscheiden:

1. Warenmakler (Waren sind gem. § ________ Abs. 2 Nr. 1 HGB nur ______________________________)*
2. ______________________________
3. ______________________________
4. ______________________________

* Ihre Gesetzesausgabe hilft Ihnen ggf. auch hier durch das Sachverzeichnis (Stichwortregister). Der Begriff ist im übrigen in der 1. Lektion behandelt worden.

A 4.36 § 1 Abs. 2 Nr. 1 HGB / bewegliche Sachen
2. Wertpapiermakler (Effektenmakler)
3. Versicherungsmakler
4. Schiffsmakler

4.37

Aus dem Tatbestandsmerkmal „gewerbsmäßig" in § 93 Abs. 1 HGB können wir folgern:

Wer nur gelegentlich vermittelt, ist (ebenfalls/kein) ____________ Handelsmakler.

Vermittelt ein Handelsmakler andere Geschäfte, so findet gem. § 93 Abs. 2 HGB das HGB (ebenfalls/keine) ______________ Anwendun

Grundstücksmakler, Wohnungsmakler sind also (ebenfalls/keine) ____________________________ Handelsmakler.

A 4.37 kein

keine

keine

Anmerkung: Diese Makler sind sog. Zivilmakler, für sie gelten nur die allgemeinen Bestimmungen des BGB (§ 652 ff. BGB).

4.38

Der Handelsmakler tritt zu beiden Parteien des vermittelten Geschäfts in Rechtsbeziehungen und muß die Interessen beider wahrnehmen. Nach § 98 HGB haftet er jeder Partei für den durch sein

______________________ entstandenen ______________________.

A 4.38 Verschulden / Schaden

4.39

Der Handelsmakler hat gem. § 94 HGB unverzüglich nach Abschluß des Geschäfts jeder Partei eine von ihm unterzeichnete Urkunde über die Parteien, den Gegenstand und die Bedingungen des Geschäfts zuzusenden.

Diese Urkunde heißt: ______________________________

Bei Verkäufen von Waren oder Wertpapieren sind darin insbesondere zu bezeichnen die ______________ und ______________ sowie der ______________ und die ______________ .

A 4.39 Schlußnote

Gattung / Menge / Preis / Zeit der Lieferung

4.40

Nach § 100 ff. HGB hat der Handelsmakler ein sog. ______________ zu führen – ausgenommen der sog. Krämermakler, der nur die Vermittlung von Warengeschäften im Kleinverkehr besorgt.

A 4.40 Tagebuch

4.41

Die Parteien können im Einzelfall vertraglich bestimmen, wer das Entgelt für den Makler bezahlen soll.

Das Entgelt heißt gem. § 99 HGB: ______________________ .

Besteht keine Vereinbarung, so ist er hiernach bei fehlendem abweichenden Ortsgebrauch zu entrichten:

1. von jeder Partei zur Hälfte ☐
2. von jeder Partei nach Wahl des Maklers ☐

A 4.41 Maklerlohn

1. [X]

4.42

Prüfen Sie nun bitte:

Ist die Tiefbau-GmbH (LE 4.32) Handelsmaklerin?

(Ja/Nein) ____________

Begründung: ____

____

____

A 4.42 Nein: Die GmbH vermittelt nur gelegentlich und nicht gewerbsmäßig.

4.43

II. C. ABGRENZUNG ZUM KOMMISSIONÄR

Von den selbständigen Hilfspersonen der §§ 84 ff. HGB – Handelsvertreter und Handelsmakler – ist der Kommissionär zu unterscheiden, der nach § 383 ff. HGB Kommissionsgeschäfte ausführt.

Wer Kommissionsgeschäfte ausführt, ist aber auch Kaufmann nach § ____ HGB, weil er ein Handelsgewerbe nach § ____ Abs. ____ Nr. ____ HGB betreibt.

A 4.43 § 1 HGB/§ 1 Abs. 2 Nr. 6 HGB

4.44

Kommissionär ist nach der Legaldefinition des § ________ HGB, wer es gewerbsmäßig übernimmt, Waren oder Wertpapiere für

______________________________ eines anderen – des sog.

__________________________ – in ______________________

Namen zu ______________________________________

Aufgabe des Kommissionärs im Wirtschaftsleben kann es also sein:

1. Waren oder Wertpapiere im Namen des anderen als Bevollmächtigter zu kaufen oder zu verkaufen ☐
2. Kaufverträge über Waren oder Wertpapiere zu vermitteln ☐
3. Waren oder Wertpapiere im eigenen Namen und auf eigene Rechnung zu kaufen oder zu verkaufen ☐
4. Waren oder Wertpapiere in eigenem Namen auf fremde Rechnung zu kaufen oder zu verkaufen ☐

Kauft der Kommissionär (ein), so nennt man ihn

__________________________________ ,

verkauft der Kommissionär, so heißt er:

__________________________________ .

§ 383 HGB

A 4.44 Rechnung / Kommittenten / eigenem / kaufen oder zu verkaufen

4. [X]

Einkaufskommissionär / Verkaufskommissionär

Zur Erfolgskontrolle vgl. auch die Erläuterungen zur Erfolgskontrolle der 1. Lektion (LE 1.56).

Der Handelsvertreter und der Handelsmakler sind Kaufleute gem.

§ ________ HGB und deshalb stets

a) selbständige ☐

b) unselbständige ☐

Hilfspersonen des Kaufmanns.

(LE 4.1, 4.4, 4.33)

A. DER HANDELSVERTRETER

1. Der Handelsvertreter ist begrifflich geregelt in § ________ HGB.
   Nach der Legaldefinition ist er ____________________

   ____

   ____

   (LE 4.2, 4.3)

2. Der Gesetzgeber nennt die Vertragsparteien des Handelsvertretervertrages in § ________ HGB
   a) ____________________________
   b) ____________________________
   (LE 4.3)

3. Die Japan-Elektronik-Import GmbH kann beim Vertrieb ihrer Waren bei Fernsehgeräte- und Radiohändlern für die ständige Vermittlung oder den Abschluß von Kaufverträgen einsetzen:

noch
4.45

a) Angestellte (Handlungsgehilfen) als sog.

_______________________________ ☐

oder/und

b) Handelsvertreter ☐

Die Angestellten sind (Handlungsgehilfen/Handelsvertreter)

_______________________________ gem. § _________ HGB.

4. Haben die Vertragsparteien nicht klar und eindeutig durch den Vertrag entschieden, ob die Tätigkeit selbständig oder unselbständig ausgeübt werden soll, liegt nach der Auslegungsregel des

   § _________ HGB Selbständigkeit vor, wenn die Person

   ____

   ____

5. Nennen Sie bitte einige Kriterien für die

   a) Selbständigkeit: ______________________________

   ____

   b) Unselbständigkeit: ____________________________

   ____

   (LE 4.3–4.11)

6. Unternehmer, für den der Handelsvertreter tätig wird, kann sein:

   a) jeder Vollkaufmann ☐

   b) jeder Minderkaufmann ☐

   c) jeder Gewerbetreibende ☐

   d) auch Nichtgewerbetreibende wie Freiberufler ☐

   (LE 4.11, 4.12)

noch 4.45

7. Der Gesetzgeber unterscheidet in § 84 Abs. 1 HGB zwei Arten von Handelsvertretern:

   a) den ______________________________

   b) den ______________________________

8. Der Abschlußvertreter kann wie jeder Bevollmächtigte nur tätig werden, wenn ihm hierfür ______________ erteilt worden ist. Sie ist eine sog. ______________________

   und richtet sich nach §§ ________ ff. HGB.

   (LE 4.13–4.18)

9. Der Handelsvertretervertrag, der (formlos/schriftlich) ________________ wirksam abgeschlossen werden kann, begründet Haupt- und Nebenpflichten.

   Nennen Sie bitte einige Beispiele

   a) für den Handelsvertreter: ______________________

   ____

   ____

   b) für den Unternehmer: ______________________

   ____

   ____

   (LE 4.19–4.28)

10. Neben dem Anspruch des Handelsvertreters auf Provision können ihm bei entsprechender Gestaltung des Vertrages zustehen

    a) Anspruch auf ein Fixum ☐

    b) Inkassoprovision ☐

    c) Delkredereprovision ☐

    (LE 4.26–4.28)

noch 4.45

11. Ist der Handelsvertretervertrag auf unbestimmte Zeit eingegangen, endigt er gem. § ________ HGB durch ____________________.
Aus wichtigem Grund kann er gem. § ________ HGB ________ ____________________ gekündigt werden.
(LE 4.29)

12. Bei Beendigung des Vertragsverhältnisses steht dem Handelsvertreter wegen der aus seiner bisherigen Tätigkeit dem Unternehmer verbleibenden Vorteile ggf. ein sog. ______________-anspruch gem. § ________ HGB zu.
(LE 4.30–4.32)

B. DER HANDELSMAKLER

1. Handelsmakler ist nach der Legaldefinition des § ________ HGB, wer gewerbsmäßig für andere Personen, ohne von diesen auf Grund eines Vertragsverhältnisses ____________________,
   a) die Vermittlung von Verträgen über Anschaffung oder Veräußerung von Waren oder Wertpapieren oder sonstigen Gegenständen des Handelsverkehrs übernimmt ☐
   b) den Anschluß der zu a) genannten Verträge übernimmt. ☐

   (LE 4.33, 4.34)

2. Nennen Sie bitte den Unterschied zwischen Handelsvertreter und Handelsmakler: ____________________
____
(LE 4.35)

noch 4.45

3. Der Unternehmer Paulsen vermittelt regelmäßig für verschiedene deutsche und österreichische Getreidehändler den Kauf und Verkauf von Getreide. Die Aufträge werden ihm von den Händlern von Fall zu Fall erteilt.

   Ist Paulsen Handelsmakler?

   (Ja/Nein): ____________

   Begründung: ______________________________

   ____

   ____

   (LE 4.33, 4.34)

4. Der Grundstücksmakler Huber vermittelt den Abschluß von Kaufverträgen über Geschäftsgrundstücke.

   Ist Huber Handelsmakler?

   (Ja/Nein) ____________

   Begründung: ______________________________

   ____

   ____

   (LE 4.36–4.37)

5. Nach § 93 HGB lassen sich folgende Handelsmakler unterscheiden (nennen Sie bitte einige):

   a) ______________________________

   b) ______________________________

   c) ______________________________

   d) ______________________________

   (LE 4.36)

noch 4.45

6. Der Handelsmakler ist verpflichtet, die Interessen wahrzunehmen
   a) nur der ihn zuerst beauftragenden Person ☐
   b) nur der anderen Vertragspartei ☐
   c) beider Vertragsparteien ☐
   (LE 4.38)

7. Die Schlußnote (§ 94 HGB) ist eine ____________________
   ____

   Der Handelsmakler hat, ausgenommen der sog. Krämermakler, nach § 100 ff. HGB ein ____________________ zu führen.
   (LE 4.39–4.40)

8. Der Anspruch auf das Entgelt des Maklers – den sog. ____________________ – richtet sich bei fehlender vertraglicher Vereinbarung gem. § __________ HGB gegen
   a) die ihn zuerst beauftragende Person ☐
   b) beide Vertragsparteien ☐
   (LE 4.41, 4.42)

C. ABGRENZUNG ZUM KOMMISSIONÄR

1. Wer Kommissionärsgeschäfte ausführt gem. § __________ HGB, ist
   a) Kaufmann gem. § __________ HGB ☐
   b) Handlungsgehilfe ☐
   c) Handelsvertreter ☐
   d) Handelsmakler ☐

noch 4.45

2. Der Kommissionär handelt stets
   a) im eigenen Namen ☐
   b) auf fremde Rechnung ☐

3. Die beiden Arten von Kommissionären
   a) der ______________________________
   b) der ______________________________

   kaufen oder verkaufen:
   a) Waren ☐
   b) Grundstücke ☐
   c) Wertpapiere ☐
   d) sonstige Gegenstände des Handelsverkehrs ☐

A 4.45 § 1 HGB

a) [X]

A. 1. § 84 Abs. 1 HGB

. . . ständig damit betraut, für einen anderen Unternehmer Geschäfte zu vermitteln oder abzuschließen.

2. § 84 HGB

a) Handelsvertreter

b) Unternehmer

3. a) Handlungsreisende [X]

b) [X]

Handlungsgehilfen gem. § 59 HGB

4. § 84 Abs. 1 S. 2 HGB

. . . , wenn die Person im wesentlichen frei ihre Tätigkeit gestalten und ihre Arbeitszeit bestimmen kann.

5. a) Unternehmerrisiko des Vertreters, Anmeldung eines Gewerbes

b) Anspruch auf festes Gehalt, bezahlten Urlaub oder Unterstützung im Krankheitsfall u. a.

6. a) [X]

b) [X]

c) [X]

7. a) Vermittlungsvertreter

b) Abschlußvertreter

8. Vollmacht

Handlungsvollmacht

§§ 54 ff. HGB

noch A 4.45

9. formlos

   a) Bemühen um Vermittlung und/oder Abschluß von Geschäften, erforderliche Nachrichten geben (u. a.)

   b) Zahlung der Provision, Unterlagen zur Verfügung stellen (u. a.)

10. a) [X]

    b) [X]

    c) [X]

11. § 89 HGB / Kündigung

    § 89 a HGB / fristlos

12. Ausgleichsanspruch gem. § 89 b HGB

B. 1. § 93 HGB / ständig damit betraut zu sein,

   a) [X]

2. Der Handelsvertreter ist auf Grund des Handelsvertretervertrages ständig für den Unternehmer tätig.

3. Ja; Paulsen vermittelt den Kauf und Verkauf von beweglichen Sachen = Waren und ist nicht auf Grund Vertrages ständig hiermit betraut.

4. Nein; Geschäftsgrundstücke sind keine Waren oder andere Gegenstände des Handelsverkehrs. Er ist Zivilmakler.

5. a) Warenmakler
   b) Effektenmakler (oder Wertpapiermakler)
   c) Versicherungsmakler
   d) Schiffsmakler

6. c) [X]

7. . . . Urkunde des Maklers, die die Parteien, den Gegenstand und die Bedingungen des Geschäfts enthält.

   Tagebuch

noch A 4.45

8. Maklerlohn / § 99 HGB / b) [X]

C. 1. § 383 HGB

a) § 1 HGB [X]

2. a) [X]

b) [X]

3. a) Einkaufskommissionär

b) Verkaufskommissionär

a) [X]

c) [X]

FSC
www.fsc.org
MIX
Papier | Fördert
gute Waldnutzung
FSC® C083411

Kolibri 360 GmbH
Ferdinand-Jühlke-Straße 7
99095 Erfurt, Deutschland
produktsicherheit@kolibri360.de